V
33939
GUIDE OFFICIEL
DES
SECTIONS AUTRICHIENNES
DE
L'EXPOSITION UNIVERSELLE DE PARIS EN 1900.

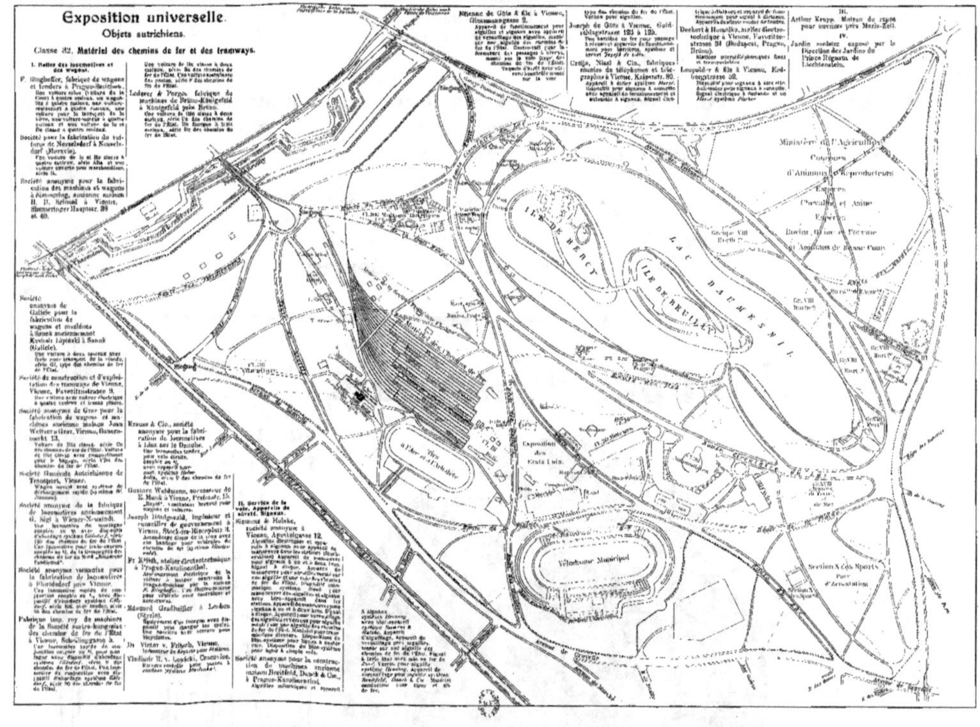

Exposition universelle.
Objets autrichiens.
Classe 32. Matériel des chemins de fer et des tramways.

I. Balles des locomotives et des wagons.
F. Ringhoffer, fabrique de wagons et tenders à Prague-Smichow.
Société pour la fabrication de voitures de Nesseldorf à Nesseldorf (Moravie).
Société anonyme pour la fabrication des machines et wagons à Simmering, anciennement H. D. Schmid à Vienne, Simmeringer Hauptstr. 39 et 40.

Société anonyme de Galicie pour la fabrication de wagons et machines à Sanok anciennement Kuzizki Lipinski à Sanok (Galicie).
Société de construction et d'exploitation des tramways de Vienne, Vienne, Favoritenstrasse 9.
Société anonyme de Graz pour la fabrication de wagons et machines anciennes maison Jean Weitzer à Graz, Vienne, Gumpendorfer 13.
Société Générale Autrichienne de Transport, Vienne.
Société anonyme de la fabrique de locomotives anciennement G. Sigl à Wiener-Neustadt.
Société anonyme viennoise pour la fabrication de locomotives à Floridsdorf près Vienne.
Fabrique imp. roy. de machines de la Société Austro-hongroise des chemins de fer de l'État à Vienne, Schwingergasse 5.

Une voiture de IIe classe à deux caisses, série IIe des chemins de fer de l'État. Une voiture-remplaçante des postes, série F des chemins de fer de l'État.
Lederer & Porges, fabrique de machines de Brünn-Königsfeld à Königsfeld près Brünn.
Une voiture de IIIe classe à deux essieux, série Ce des chemins de fer de l'État. Un fourgon à trois essieux, série De des chemins de fer de l'État.

Krauss & Cie, société anonyme pour la fabrication de locomotives à Linz sur le Danube.
Gustave Weishaupt, successeur de E. Manck à Vienne, Pratenstr. 15.
Joseph Stadtgmössl, ingénieur et conseiller de gouvernement à Vienne, Stock-im-Eisenplatz 3.
Fr. Křižik, atelier électrotechnique à Prague-Karolinenthal.
Édouard Gradhauller à Leoben (Styrie).
Dr Vincor v. Řitněh, Vienne.
Vladimir R. v. Leyski, Cracovie.
à Prague-Karolinenthal.

II. Service de la voie. Appareils de sûreté, signaux.
Siemens & Halske, société anonyme à Vienne, Apostelgasse 12.
Société anonyme pour la construction de machines, ancienne maison Breitfeld, Daněk & Cie à Prague-Karolinenthal.

Étienne de Götz & fils à Vienne, Glasmanngasse 2.
Joseph de Götz à Vienne, Goldschlagstrasse 123 à 125.
Crelja, Nisci & Cie, fabriques réunies de téléphones et télégraphes à Vienne, Kaiserstr. 89.
Deckert & Homolka, atelier électrotechnique à Vienne, Favoritenstrasse 34 (Budapest, Prague, Brünn).
Leopolder & fils à Vienne, Erdbergstrasse 52.

III.
Arthur Krupp, Maison de repos pour ouvriers près Maria-Zell.
IV.
Jardin scolaire exposé par la Direction des Jardins du Prince Régnant de Liechtenstein.

Ministère de l'Agriculture
Concours d'Animaux Reproducteurs
Equerre
Chevaline et Asine
Equerre
Vélodrome Municipal
Section des Sports
LAC DAUMESNIL
ILE DE BERCY
ILE DE REUILLY

L'EXPOSITION UNIVERSELLE DE PARIS EN 1900.

GUIDE OFFICIEL DES ----
SECTIONS AUTRICHIENNES
DE L'EXPOSITION -------
UNIVERSELLE DE PARIS --
EN 1900 --------------

RÉDIGÉ ET PUBLIÉ ---
PAR LE COMMISSARIAT
GÉNÉRAL IMP.-ROY. ---

AVEC DES ILLUSTRATIONS
2 PLANS ET UN GUIDE DE PARIS
PAR
M. GRATACAP
Chargé de cours à l'Académie Consulaire I. et R.
et à l'Académie d'Exportation.

TROISIÈME ÉDITION.

PARIS 1900.

IMPRIMÉ PAR LA MAISON D'ÉDITION ET
D'IMPRIMERIE D'ART OTTO MAASS' FILS,
VIENNE I. — PAPIER SCHLÖGLMÜHL. ---

Table des matières.

I. A travers Paris.

Première Partie. — Renseignements généraux.

Deuxième Partie. — Paris.

(Table alphabétique.)

A travers Paris.

o o o

Fluctuat nec mergitur!

(Devise de la Ville de Paris.)

Fluctuat nec mergitur! Depuis le temps où le roi Philippe-Auguste donnait au Paris du XIIème siècle, à l'ancienne Lutèce »bâtie au milieu des eaux« cette devise appropriée à ses origines, que de changements se sont accomplis au cours des âges dans la capitale de l'Ile-de-France! Et aujourd'hui quel organisme compliqué, quel être prodigieux et divers que ce Paris du XXème siècle qui convie le monde aux fêtes du travail et de la paix!

Aider le visiteur à se reconnaître dans la grande ville, lui indiquer d'un mot dans quel sens il pourra à sa fantaisie compléter ses études ou satisfaire sa curiosité, tel est le but de ce travail. Nous l'avons divisé en deux parties; dans la première, nous donnons aussi brièvement que possible les renseignements matériels qui sont indispensables pour mettre à profit un court séjour dans la capitale; dans la deuxième, nous avons tâché, tout en tenant compte des fins très spéciales que peut poursuivre parfois le spécialiste dans une visite à Paris, de rapporter ce qui nous a paru nécessaire à l'intelligence générale des beautés ou des curiosités de la grande cité.

<h1 style="text-align:center">PREMIÈRE PARTIE.</h1>

Renseignements généraux.

Voyage.—Douane. Pour les voyageurs arrivant d'Autriche par la ligne de l'Arlberg, les revisions de la douane ont lieu à Buchs, à la frontière de la Suisse et à Delles, à la frontièrc française. A Buchs, les bagages enregistrés sont portés dans une salle spéciale, où doit se rendre le voyageur; les valises et paquets peuvent être aussi portés dans cette salle, ou bien ils sont visités dans le wagon même. A Delle sont seuls visités les bagages que l'on a avec soi; les bagages enregistrés pour Paris ne sont visités qu'à la gare de cette ville.

Pour éviter tout désagrément à la douane, il sera bon de ne pas emporter dans ses malles de vêtcments, gants, souliers etc, qui soient neufs et que l'on puisse juger n'avoir pas été portés; pas de bouteilles de liqueurs ou de flacons de parfumerie qui n'aient pas été ouverts; pas plus de comestibles, cigares ou cigarettes qu'il n'en faut pour la route; pas de vraies dentelles qui ne soient appliquées sur des vêtements ou du linge déjà porté; enfin pas plus d'une boîte d'allumettes, leur importation en France étant sévèrement défendue et punie d'une amende de 500 fr.

Si l'on a effectivement des objets frappés de droits de douane, le plus simple est encore de répondre à l'employé, qui vous demande si vous avez quelque chose à déclarer: »Oui, Monsieur, voilà.« Des amendes très considérables et des désagréments sans nombre allant jusqu'à l'impossibilité de continuer son voyage, peuvent être la conséquence de la plus légère dissimulation.

Heure. Noter que l'heure française retarde de 55 minutes sur l'heure du centre de l'Europe.

Monnaie. Il sera bon d'avoir changé avant de partir; il est nécessaire de disposer d'une somme en monnaie française suffisante pour le voyage et l'arrivée. Pour un long séjour ou s'il s'agit de sommes considérables, il sera pratique d'avoir une lettre de crédit auprès d'un banquier de Paris.

Il est très pratique de se munir d'un passeport ou de sa »l e g i t i m a t i o n«, soit pour pouvoir, le cas échéant, établir son identité, soit pour retirer les lettres recommandées ou les lettres poste restante portant le nom du destinataire; pour visiter même certains établissements, il est nécessaire d'avoir des papiers établissant son identité.

Arrivée gare de l'Est. Le train a-t-il stoppé en gare, un »facteur« aidera à porter les petits bagages. Visite des employés de l'octroi qui s'informent si l'on n'introduit pas de denrées alimentaires; on n'aura généralement »rien à déclarer«.

S'occuper aussitôt de trouver une voiture; s'il n'y en a plus dans la cour, voir vers la porte de la gare ou dans la rue avoisinante: on demande au cocher son numéro, qu'il vous remet sur un morceau de papier portant son tarif; on le fait attendre, et en remettant le »bulletin de bagage« à un »facteur«, dont on prend aussi le numéro, on s'occupe de reconnaître ses bagages enregistrés. Les a-t-on retrouvés dans la grande salle où on les porte tous, il reste à les faire passer sous les yeux des employés de la douane et de l'octroi, et le facteur les porte jusqu'à la voiture.

Un groupe de plusieurs personnes avec des bagages a intérêt à prendre un omnibus. Si on en désire un, on le dit à l'employé qui se tient à la porte et demande à chacun: »un omnibus?« Il vous remet un numéro portant le tarif; on cherche son omnibus, on y dépose ses paquets et on retourne dans la grande salle où a lieu la revision des bagages, que l'on fait ensuite charger sur l'omnibus. — Comme ces omnibus appartiennent aux Compagnies de Chemin de fer, on peut en France les commander gratuitement à l'avance par télégraphe de n'importe quelle station; il suffit d'indiquer au chef de gare son nom, le nombre de personnes et le train.

Si l'on ne parle pas très bien le français, il
est préférable de faire lire au cocher son adresse
écrite en caractères latins.

Consigne. Dans certains cas il sera pratique
de déposer ses bagages à la »consigne« (5 cent.
par colis et par jour) pour les envoyer prendre de
l'hôtel avec le récépissé.

Objets perdus. Lorsqu'on a perdu un objet,
oublié un parapluie dans une voiture, etc., on a de
grandes chances de le retrouver en s'adressant
dès le lendemain à la Préfecture de Police,
(Ire Division), 36, Quai des Orfèvres, où tous les
objets trouvés doivent être déposés dans les
24 heures.

Hôtels. Les conditions étant en temps d'exposition totalement différentes de ce qu'elles sont
d'ordinaire, il est difficile de donner sur cette
matière des renseignements précis. Bornons-nous
à dire qu'on devra tâcher de juger par compa-
raison, se faire montrer plusieurs chambres. On
n'offre d'ordinaire pas tout de suite celles qui sont
le meilleur marché; bien spécifier si le service et
l'éclairage sont compris dans le prix de la chambre
et se défendre de son mieux. En principe, des
pourboires seulement au garçon de chambre et à
l'homme de peine. Remettre les valeurs et objets
précieux à l'hôtelier, moyennant reçu.

Citons d'abord ne serait-ce que comme curio-
sités, quelques »Grands Hôtels« : Grand Hôtel, 12,
Boulevard des Capucines; Hôtel Continental,
Rue Castiglione; Terminus, gare St. Lazare;
Grand Hôtel du Louvre, 172, Rue de Rivoli;
L'Élysée Palace Hôtel, Champs Elysées,
103—113, tout neuf, appartenant à la Société des
Grands Hôtels, etc.

Les Autrichiens descendent souvent à l'Hôtel
Bellevue, 39, Avenue de l'Opéra; Hôtel St. James &
Albany, 211, Rue St. Honoré; Hôtel Schenker
tout près de l'exposition, 19, Rue de l'Université.

D'une manière générale, les Hôtels situés
Place Vendôme, aux Champs Elysées, Rue Scribe,
Rue de la Paix et sur les Grands Boulevards sont
chers (chambres de 10 à 30 fr.) Les Hôtels situés
dans les rues avoisinantes, moins importantes, Rue
St. Augustin, Rue Daunou, Rue Richelieu, Place
de la Bourse, ont des prix moins élevés; les hôtels

qui sont le meilleur marché sont situés Rue de
Valois, Rue Bouloy, Rue Montmartre, Boulevard de
Strasbourg, Boulevard de Sébastopol, etc.

Restaurants. On »déjeune« entre 11^h et 1^h ;
on dîne entre 6 et 8 ; on fera bien de s'en tenir
à ces heures et d'arriver plutôt de bonne heure.
Le repas fini, on demande »l'addition«, qu'il faut
bien vérifier ; on paye au garçon ; pourboire, en
moyenne 5 cent. par franc.

On divise les restaurants en »restaurants à la
carte« et »à prix fixe« ; à cela s'ajoutent les
»Bouillons«.

Restaurants à la carte. Les bons restaurants
à la carte sont très chers ; il faut compter pour
un repas ordinaire sur une moyenne de 7 à 12
francs ; il est vrai que les portions sont fortes et
on ne manquera pas, si l'on est deux, de ne
commander qu'une portion. Citons quelques curiosités comme »grands restaurants« : le C a f é A n-
g l a i s, Boulevard des Italiens, 3 ; la M a i s o n
D o r é e, Boulevard des Italiens, 20 ; C a f é-
r e s t a u r a n t d e l a C h a u s s é e d' A n t i n (Paillard),
Boulevard des Italiens, 38 ; C a f é - r e s t a u r a n t
A n g l a i s (Weber), 21, Rue Royale ; L e d o y e n :
Champs Elysées, à gauche, à l'entrée ; au bois de
Boulogne, • le P a v i l l o n d' A r m e n o n v i l l e,
M a d r i d.

Citons encore quelques restaurants sérieux :
M a r g u e r y, Boulevard Bonne Nouvelle, 36 ; le
C a f é C a r d i n a l, Boulevard des Italiens ; L a r u e,
Place de la Madeleine 3 ; Palais Royal, V é f o u r
J e u n e, Galerie de Valois, 106 ; R e s t a u r a n t
V i e n n o i s, Widermann, 5 Rue d'Hauteville.

Restaurants à prix fixe. Si l'on veut dîner
à bon marché, il faut aller dans un restaurant à
prix fixe. La carte indique à combien de plats on
a droit ; bien dire au garçon à quel prix on veut
dîner. Ces restaurants sont très nombreux au centre
de Paris et on les trouvera sans peine, Indiquons-
en quelques-uns à bon marché : G r a n d R e s t a u-
r a n t U n i v e r s e l, Boulevard des Italiens, 9
(2 frcs. et 3 frcs.). Près de la Madeleine, R e s t a u-
r a n t D a r r a s, Rue Royale, 14 (3 fr. et 5 fr.) ;
Palais Royal, de nombreux restaurants à la carte ;
tout près, G a z a l, Place du Théâtre Français
(2 fr. et 3 fr.).

Bouillons. Ce sont des restaurants à la carte
à bon marché qui sont très convenables et qu'on
peut absolument recommander; néanmoins les
portions n'y sont pas grosses et on n'y mangera
guère à moins de 3 fr. En entrant on prend
une carte où la bonne inscrit les plats au fur et
à mesure, et qu'il faut rendre acquittée à la sortie.
Les plus connus sont les D u v a l : indiquons en
quelques-uns au centre: Rue de Rivoli, 194 (Tuileries); Avenue de l'Opéra, 31; Boulevard de la
Madeleine, 27 ; Boulevard des Capucines, 39 ; Boulevard des Italiens, 29.

Cafés. Ils sont presque une institution nationale
dans la ville qui était au XVIIIème siècle, suivant
le mot de l'abbé Galiani, le »café de l'Europe« et
qui depuis est restée fidèle à cette tradition. En
fait, rien n'est plus amusant ni plus caractéristique
de la vie de Paris qu'une heure passée le soir
vers onze heures ou minuit sur la terrasse d'un
café du boulevard.

Le Français a trouvé l'art de pouvoir aller
au café à toute heure; à partir de 10^{h} du matin,
il demande un »apéritif«: madère, vermouth, ab-
sinthe [au sucre? gomme? (sirop de gomme) pure?
(avec de l'eau)]; puis, après le café, la gamme des
liqueurs, anisette, chartreuse, etc., entre temps le
Bock; à 5^{h}, de nouveau »l'apéritif«; le soir des
glaces ou des boissons glacées (limonades, citro-
nades, orangeades glacées). Pourboire 10 cent.

Quelques »grands cafés« types: le café de
l a P a i x, Place de l'Opéra; Café A m é r i c a i n,
Boulevard des Capucines, 4; Cafe d e P a r i s,
Avenue de l'Opéra.

Brasseries. Si l'on veut boire de bonne bière,
il faudra aller dans une brasserie. On demande
»un quart« on »un demi« (litre). Les grandes
brasseries ont certaines spécialités qui sont ex-
cellentes: Boulevard de Sébastopol, 137 (près du
Boulevard St. Denis), T a v e r n e F l a m a n d e
(bière de Pilsen); Boulevard St. Denis, 15, T a-
v e r n e G r u b e r; Boulevard Bonne Nouvelle, 26,
A. D r e h e r; id, 35, M u l l e r (bière de Munich);
Boulevard Poissonnière, 32, T a v e r n e B r é b a n t;
Boulevard Montmartre, 18, Z i m m e r; Boulevard
des Italiens, 14, P o u s s e t (Munich); Avenue
de l'Opéra, 26, B r a s s e r i e d e l'O p é r a (Culm-

bach); Boulevard des Capucines, 43, T a v e r n e
d e s   C a p u c i n e s; Rue Royale, 25, T a v e r n e
R o y a l e; B r a s s e r i e   V i e n n o i s e, Rendez-vous
des Autrichiens, Pilsner-Urquell, Widermann, 5,
Rue d'Hauteville.

Moyens de transport. Voitures. On n'aura généralement affaire qu'aux voitures de place qui
stationnent sur la voie publique; elles n'ont
généralement que 2 places (3 avec le petit siège
appelé »strapontin«; les landaus se tiennent près
des cercles et des hôtels.

Il arrive souvent que le cocher circule à la
recherche du client: c'est alors un »rôdeur«, qu'il
est très commode de trouver juste quand on le
veut; on le laisse un peu passer pour voir son
cheval, il guigne le client du coin de l'œil, prêt
à accourir au premier signe. On préférera les
cochers à chapeau blanc; la compagnie à laquelle ils
appartiennent passe pour avoir de meilleurs chevaux.

On prend le cocher »à l'heure« ou »à la
course«. Pour une course de 10 à 15 minutes,
proposer au cocher »la petite course«, 1 fr. qu'il
accepte généralement. Tarif de la course pour une
voiture à 2 places ordinaire dans Paris: le jour
(en été de 6^h à minuit 30, heure du départ) 1 fr. 50,
la nuit 2 fr. 25. Voiture à 4 places, 2 fr. et 2 fr. 50.

Pourboire de 20 à 50 cent. suivant la course.

A l'heure, on spécifiera bien qu'on prend la
voiture »à l'heure«, on demandera le n° du cocher
et on contrôlera son heure. Tarif:

Voiture à 2 pl. le jour 2 fr.   la nuit 2 fr. 50
     „   „ 4 „ „ „ 2 fr. 50 „   „ 2 fr. 15
Pourboire.

Le cocher n'aime pas marcher à l'heure, mais
il y est obligé; en cas de refus, ne pas hésiter à
s'adresser à un agent de police.

Au delà des fortifications: Voiture à 2 places:
la course et l'heure: 2 fr. avec indemnité de retour
de 1 fr. si on laisse la voiture hors de Paris.

Omnibus et tramways. Ce genre de locomotion est très bien organisé à Paris et très pratique;
il faut absolument se familiariser avec lui dès le
premier jour.

Il n'y a pas de différence entre les omnibus
et les tramways: même prix, même correspondance,
même public. Pour savoir quelle ligne on doit

prendre, on peut toujours s'adresser au »contrôleur« qui est dans le »bureau d'omnibus«. Ces
bureaux, très nombreux dans Paris, sont à tous
les grands carrefours, soit dans des kiosques
spéciaux, soit dans les maisons, comme des magasins,
et ils portent une grande enseigne bleue: »C o m-
p a g n i e G é n é r a l e d e s O m n i b u s«.

On peut monter dans les omnibus et tramways au passage et même faire arrêter ceux qui
ont des chevaux.

Parfois il sera pratique de monter dans l'omnibus précisément avant qu'il n'arrive au bureau;
mais s'il est toujours complet, on entre dans le
bureau et on prend un numéro d'ordre. Le prix
est de 30 cent. pour »l'intérieur« avec ou sans
»correspondance«; pour »l'impériale«, 15 cent.
sans correspondance, 30 avec.

Si l'on doit changer de tramway, on demande
e n p a y a n t »la correspondance«. Arrivé au bureau
où l'on doit changer de ligne, on va prendre, s'il
y a beaucoup de monde, un nouveau numéro
d'ordre au bureau, et, à l'appel de son numéro,
on remet a v a n t d e m o n t e r dans le nouveau
tramway, la correspondance au contrôleur.

Bateaux. On n'oubliera pas ce mode de
locomotion très peu coûteux et très pratique,
surtout pour aller et revenir de l'exposition. (Un
groupe de bateaux fait le service de la rive droite,
un autre, celui de la rive gauche) (10 à 20 cent.).

Métropolitain .L'état d'avancement des travaux
permet d'espérer que l'on aura pu inaugurer avant
la fin de l'exposition la grande ligne du Métropolitain qui traverse Paris de l'Est à l'Ouest; mais
ici il faut peut-être compter avec l'imprévu.

Poste. P o s t e C e n t r a l e, Rue du Louvre, 48;
c'est là que vont les lettres »poste restante« qui
n'ont pas d'indication spéciale; lorsque leur adresse
porte le nom du destinataire, il est indispensable
pour les réclamer de justifier de son identité. Boîtes
aux lettres souvent sous la devanture du débit de
tabac. Tarif: Lettre ordinaire 15 gr., 15 cent.;
étranger 25 cent. On peut faire »recommander« sa
lettre: 25 cent. en sus. Les valeurs s'envoient par
»lettres chargées«. S e r v i c e p n e u m a t i q u e:
cartes-lettres fermées, 50 cent., ouvertes, 30 cent.

Tabac. On vend le tabac surtout par paquets,
50 et 30 cent., de même les cigarettes par paquets
(roses ou bleus) de 50, 60 cent., 20 cigarettes.

Cigares. Demi-londrès, 15 cent.; londrès,
30 cent.

Tabac étranger, cigares et cigarettes de luxe:
G r a n d H ô t e l, Place de la Bourse (spécialités).

Magasins. Quelques »grands magasins«, véritables curiosités: le B o n M a r c h é, Rue du Bac,
135; le L o u v r e, Place du Palais Royal; le
P r i n t e m p s, Boulevard Hausmann; la S a m a r i -
t a i n e, Rue du Pont-Neuf; magasins D u f a y e l,
Boulevard Barbès, vente à crédit, etc.

De même les Bazars: B a z a r d e l'H ô t e l
d e V i l l e, Rue de Rivoli, 50.

Autorisations écrites de visiter certains établissements. Pour visiter certains établissements
spéciaux où l'on n'est pas admis sans autorisation
écrite, il serait assez pratique de demander cette
permission avant de se mettre en route. Citons:

la M o n n a i e, Musée et ateliers, visibles les
   mardi et vendredi de midi à 3^h avec permission écrite du Directeur.

I m p r i m e r i e N a t i o n a l e, le jeudi 2^h $\frac{1}{2}$,
   avec permission écrite du Directeur.

O b s e r v a t o i r e, le 1er jeudi de chaque mois,
   avec permission écrite du Directeur.

M a n u f a c t u r e d e S è v r e s, Ateliers, les
   lundi, jeudi, samedi de 11^h à 5^h en principe avec permission du Directeur des Beaux-
   Arts, Rue de Valois, 3.

C o n c i e r g e r i e, ancienne cellule de Marie-
   Antoinette, le jeudi de midi à 3^h avec
   permission du Préfet de Police.

E g o u t s, s'adresser à l'avance au Préfet de
   la Seine.

Autorités autrichiennes à Paris:

A m b a s s a d e d'A u t r i c h e - H o n g r i e. Rue
   de Varennes, 57.

C o n s u l a t G é n é r a l. Rue Laffitte, 21
   (11^h — 1^h).

C o m m i s s a r i a t G é n é r a l A u t r i c h i e n
   d e l'E x p o s i t i o n. Avenue d'Antin, 15
   (3^h — 5^h).

Spectacles. Théâtres. Il faut mettre hors de pair l'Opéra, l'Opéra Comique et le Théâtre Français;*) (toilette de soirée aux 1ères places); on peut retenir sa place dès qu'une représentation est affichée; comme dernière ressource s'adresser aux marchands et agences, près des théâtres, qui augmentent le prix.

Le Théâtre lyrique de la Renaissance (Boulevard St. Martin) a entrepris de rendre accessible au grand public un grand nombre d'œuvres musicales de tous genres; il les exécute, sinon avec beaucoup d'éclat, du moins avec un réel sentiment de leur valeur artistique.

L'Odéon est justement appelé le Second Théâtre-Français.

Le Gymnase (Boulevard Bonne Nouvelle, 38, comédies de genre), le Vaudeville (au coin de la Chaussée d'Antin et du Boulevard des Capucines, drame, comédie) ont une très haute valeur artistique, aussi grande dans leur genre que celle des théâtres précédents.

De même le Théâtre Antoine, est très intéressant au point de vue artistique; il est dirigé par le célèbre acteur qui a eu tant d'influence sur l'art dramatique français dans ces dernières années en jouant nombre de pièces de la nouvelle école et en apportant dans le jeu de l'acteur un nouvel idéal fait de l'éloignement de toute convention et de la recherche du naturel et de la vérité.

Comme Antoine, Sarah Bernhardt soutient seule de son grand nom et de son grand talent le Théâtre Sarah Bernhardt.

Les Variétés jouent fort lestement d'amusants vaudevilles. Enfin nombre d'autres théâtres jouent des choses gaies dans les genres légers, ou ont des genres spéciaux, tels l'Ambigu, qui a la spécialité des mélodrames populaires, le Palais-Royal, celle des vaudevilles endiablés, les Bouffes-Parisiens, celle des opérettes aimables.

Spectacles divers. Ce sont des cafés concerts devenus presque des théâtres: ils répondent

---

*) Après l'incendie qui a eu lieu le 8 Mars 1900 et qui a complétement détruit l'édifice du Théâtre français, il est probable que les représentations auront lieu dans un édifice provisoire.

aux »Variétés« viennoises. Les plus fréquentés
sont les Folies-Bergère, Rue Richer, 32;
Olympia, Boulevard des Capucines, 28; les
Folies Marigny, aux Champs Élysées. — Citons
encore: le Moulin Rouge, Place Blanche, très
caractéristique, avec son bal où on va »voir danser.«

Cafés Concerts. C'est un genre qui s'est
énormément développé à Paris dans ces derniers
temps; ils sont assez chers, de 3 à 5 frcs., que
parfois on payera en prenant une consommation.

Citons: Avenue des Champs Élysées, à droite,
les Ambassadeurs, à g. le Jardin de Paris,
la Scala, Boulevard de Strasbourg, 13; l'Eldo-
rado, presque en face, etc.

Cabarets artistiques. C'est un genre
intermédiaire entre le café brasserie et le café
concert, genre qui s'est extraordinairement développé
depuis que le »gentilhomme chansonnier« Rodolphe Salis a fondé le fameux »Chat Noir« et
qui est bien caractéristique de la façon dont
s'amuse le Paris moderne.

Ces établissements ne sont que difficilement
accessibles aux dames. Ils se groupent à Montmartre sur la »butte«, Boulevard Rochechouart,
Boulevard de Clichy et dans les environs.

Citons le Cabaret des Quat' z'Arts, Boulevard de Clichy, 62, le Tréteau de Tabarin,
Rue Pigalle, 58, et nombre d'autres que l'on
trouvera facilement dans ce même quartier; c'est
bien entendu le soir qu'il faut les voir.

DEUXIÈME PARTIE.

○ ○ Paris. ○ ○

Nous divisons notre promenade dans Paris en trois grands chapitres : Centre, Rive droite, Rive gauche. Nous nous sommes laissé déterminer, dans l'itinéraire choisi pour chaque promenade, par des raisons tirées, à la fois, de la situation respective des divers monuments que l'on visite, et de l'heure à laquelle il est possible ou préférable de les visiter; si bien qu'en principe, chacune de nos promenades, commencée de grand matin, pourrait être terminée le soir. Point n'est besoin de dire que notre fonction de guide nous engageant à faire, dans une certaine mesure, abstraction de notre goût particulier pour tâcher d'être aussi complet que possible, nous avons indiqué dans ces trois promenades beaucoup plus de choses qu'on n'en saurait voir utilement en trois jours, voire même en trois semaines. Au visiteur à faire son choix, suivant ses goûts propres et à son point de vue spécial, entre les nombreuses richesses que nous lui offrons, à négliger complètement certaines d'entre elles, à en passer d'autres très rapidement en revue, afin de réserver toute son attention pour un petit nombre d'objets qu'il verra bien et d'une manière définitive.

CHAPITRE I.

Le Centre de Paris.

Les personnes qui aiment à se lever de bonne heure seront à Paris récompensées de leur activité par un spectacle unique dans son genre, dont le récit pourra rendre jaloux les paresseux: c'est le tableau mouvementé et pittoresque qu'offrent les

Halles Centrales dès les premières heures du jour. Il est vrai que de leur côté les noctambules qui se seraient égarés du côté des Halles vers minuit ou une heure du matin seront vivement intéressés par le mouvement extraordinaire qu'offre ce quartier à cette heure, par l'arrivée, au milieu de Paris qui dort, de véritables trains de marchandises qui viennent, locomotive en tête, ranger leurs 6 wagons le long des immenses halls, par les entassements d'approvisionnements qui sortent des flancs d'environ 15.000 voitures arrivées de toutes les directions, en un mot par la vie intense qui commence à cette heure pour ce curieux quartier. — Toutefois c'est de 6 à 8^h du matin au moment où les étalages sont achevés et où le commerce de détail bat son plein, que les Halles offrent le spectacle le plus intéressant et c'est cette heure que nous recommandons de choisir pour les visiter.

Les Halles commencées en 1851 par Baltard doivent se composer de 12 pavillons: dix seulement sont achevés. Ils sont divisés en 2 groupes qui occuperont une surface de 88.000 mètres carrés et qui sont séparés par des rues couvertes, celui de l'Est consacré aux légumes, fruits, beurre, poisson, fromage, volaille, gibier, celui de l'Ouest à la viande de boucherie, à la volaille et aux œufs. Des caves immenses servent à l'emmagasinage des denrées, au mirage des œufs, à la préparation de la volaille, etc.

La centralisation extrême qui caractérise la France peut être, pour ainsi dire, touchée du doigt aux Halles Centrales, qui sont le marché du pays tout entier. Des trains spéciaux, trains de légumes, trains de fruit, de volaille, etc, y amènent tous les jours les produits des points les plus éloignés de la France, de la Bretagne, des côtes, du midi, voire même de l'Algérie. C'est là que viennent s'approvisionner les commerçants en gros, ceux même de l'étranger. C'est un fait que les produits y sont meilleur marché qu'à la campagne même, dans toute la région qui avoisine Paris. Mais n'insistons pas sur ce tableau dont seule une plume de poète pourrait rendre l'intensité de vie et renvoyons ceux de nos lecteurs qui désireraient se mettre par avance dans un état d'esprit propre à

en goûter la beauté au curieux roman de Zola:
»le Ventre de Paris«.

Nous ne quitterons pas les Halles sans entrer
un moment dans l'église toute voisine de St.
Eustache, une des plus belles de Paris et des
plus réputées pour ses exécutions musicales. Construite intentionnellement dans un mélange du style
gothique et du style renaissance, si elle est loin
de donner l'impression d'une beauté classique, elle
est au moins d'un effet curieux et qui ne manque
pas d'élégance; elle contient de nombreuses fresques anciennes et modernes, de beaux vitraux, le
tombeau de Colbert, et de nombreuses œuvres de
sculpture.

En passant à côté de la Bourse de Commerce, édifice de forme circulaire surmonté d'une
coupole avec de belles peintures (accessible au
public à partir de 9ʰ du matin), nous gagnons
la Rue du Louvre et suivons cette dernière jusqu'à
l'angle de la Rue de Rivoli. Arrêtons-nous un
moment: nous sommes arrivés à l'un des points
de Paris qui plaira le plus à l'œil habitué à
chercher dans une grande ville la beauté et l'harmonie des grandes lignes architecturales: nous
embrassons en effet dans son ensemble toute la
façade du Louvre où règne l'admirable colonnade
de Perrault, nous voyons se profiler dans la Rue
de Rivoli la façade Nord du magnifique palais,
tandis qu'à notre gauche la curieuse Mairie du
Iᵉʳ Arrondissement et la belle façade gothique de
St. Germain l'Auxerrois font au Palais un magnifique pendant.

Si maintenant, tournant à droite dans la Rue
de Rivoli, nous nous engageons sous les arcades
qui pendant 1400ᵐ· la bordent du côté Nord, nous
passons devant une série de magasins tels que
l'on en trouve dans toutes les grandes villes dans
les points les plus fréquentés, qui cherchent à
aguicher la curiosité du flâneur ou de l'étranger
par le débordement de leurs étalages.

Nous remarquons en passant, un peu en
retrait sur la galerie, un élégant monument élevé
à la mémoire de l'Amiral Coligny, le protestant au grand cœur, tué dans la nuit de la
St. Barthélemy (1572), et plus loin, allongeant à

l'infini sous les arcades leurs étalages élégants et discrets, les Grands Magasins du Louvre.

Le Louvre est peut-être après le Bon Marché que nous visiterons aussi, le type le plus caractéristique du Grand Magasin Parisien moderne. Quittons un instant les arcades pour pénétrer à l'intérieur. Nous aurons en parcourant ces longues galeries qui se coupent à angle droit et où s'entassent, comme dans les diverses quartiers d'une ville les produits les plus divers, la vision rapide du développement gigantesque auquel sont parvenus certains grands établissements de commerce parisiens.

Si nous n'avons pas perdu notre ligne de direction, nous devons sortir du magasin du Louvre sur la Place du Palais Royal ; nous avons à gauche la partie du Louvre construite par Napoléon III et où se trouve le Ministère des Finances, en face le Grand Hôtel du Louvre, à droite un monument avec une cour fermée par des arcades et dont le frontispice porte ces mots : Conseil d'Etat. C'est le Palais Royal.

On pénètre dans une première cour par un passage entre le Théâtre-Français et le Conseil d'Etat et, de là, dans le jardin entouré, comme la cour, de longues galeries, avec des magasins. Rien n'est plus curieux que la destinée de ce beau palais. Modestement dissimulé derrière le Loúvre, qui étale dans tout son orgueil la gloire de l'histoire de France, il raconte, lui, la chronique écrite en marge de cette histoire et il n'en est pas moins intéressant. Construit par Richelieu, il abrita les pensées ambitieuses du grand Cardinal et ce n'était pas alors vers le Louvre qu'étaient tournés les yeux de la France et de l'Europe. Plus tard, devenu l'apanage des d'Orléans, il vit, après la mort de Louis XIV., les débauches du Régent et c'est là que prenait naissance cette frénésie de plaisir, qui, durant les années de cette époque rieuse, souffla sur la France comme un vent de folie. Plus tard encore l'arrière petit-fils du Régent, celui qui devait être un jour Philippe-Égalité, pour subvenir à ses incessants besoins d'argent, faisait construire les bâtiments du jardin, en livrait les galeries au commerce, en faisait un bazar

bruyant et somptueux. Lieu de plaisir populaire,
il voit éclater les Révolutions et en 1789 il retentit
de l'éloquence de Camille Desmoulins. Mais par
une conséquence naturelle, c'est contre lui que
se retournent ces mêmes révolutions et plus que
le Louvre, il a à en souffrir. Il est pillé en 48,
incendié en 71. Aujourd'hui son sort est plus
triste encore, s'il est possible: utilisé pour le
Conseil d'Etat, la Direction des Beaux-Arts, la
Cour des Comptes, services peu faits pour lui
donner beaucoup d'animation et de gaieté, il voit
la foule s'écarter de ses galeries mélancoliques et
se fermer peu à peu ses magasins désertés.

Tout à côté du Palais-Royal est le T h é â t r e -
F r a n ç a i s.*) Il a été construit en 1781 et n'offre
rien de remarquable comme monument. Le vesti-
bule contient trois belles statues qui perpétuent le
souvenir des trois noms dont il s'honore le plus,
une statue de Talma, par David d'Angers, et les
statues de la Tragédie et de la Comédie par Duret,
représentant, la première Mme Rachel, la deuxiéme
Melle Mars. Le foyer contient entr'autres bustes
et statues, un fort beau buste de Molière par
Houdon, et, du même sculpteur, une admirable
statue de Voltaire âgé, qui fait vraiment revivre
le grand homme d'esprit, lorsque, les yeux pétil-
lants et un sourire mordant sur les lèvres, toute
sa physionomie s'éclairait du reflet de son génie.

Mais ce qui fait l'intérêt du Théâtre-Français,
— après la perfection de son ensemble, dont
l'étranger voudra se convaincre par lui-même, —
ce sont les particularités de son organisation. Fondé
en 1680 par Louis XIV., qui peu de temps après
la mort de Molière, réunit sa troupe à la troupe
rivale, celle des comédiens de l'hôtel de Bourgogne,
il jouissait dès cette époque d'une subvention de
12.000 livres. Napoléon, qui semblait mettre de la
coquetterie à prouver l'universalité de son génie,
signa à Moscou un décret qui le soumettait comme
un régiment à la volonté du maître, et dont
d'ailleurs certains articles sont en vigueur encore
aujourd'hui. Actuellement c'est une sorte de
république dont les membres, les »sociétaires«,

Avenue dé l'Opéra.

se recrutent par voie d'élection et se partagent les bénéfices. L'administrateur seul est nommé par l'état, qui achète ce droit d'une subvention de 420.000 fr.

La place du Théâtre-Français est ornée de deux belles fontaines, mais elles disparaissent à vrai dire au milieu du moùvement, toujours très considérable en cet endroit et surtout en présence de la magnifique perspective qu'offre de cette place l'Avenue de l'Opéra. De là, vue à une distance de 700^m, resserrée entre les deux grandes lignes des maisons monumentales de l'avenue, la façade de l'Opéra paraît un peu basse et écrasée par la coupole de l'édifice. Rapprochons-nous toutefois et suivons l'avenue bordée de riches magasins : nous arrivons bientôt au point précis d'où l'Opéra doit être vu pour que l'harmonie de ses lignes et son relief admirable ressortent dans toute leur netteté. On ne peut échapper à l'impression que l'on se trouve en face de l'une des merveilles de l'architecture contemporaine.

C'est qu'en effet la façade de l'O p é r a, avec ses arcades du rez-de-chaussée entre lesquelles s'élèvent des statues et des groupes symbolisant les arts lyriques (Groupe de la Danse, de Carpeaux) ; avec sa loggia du 1er étage et sa belle colonnade encadrant les bustes des grands compositeurs ;

L'Opéra.

avec, au dessus, sa rangée de masques antiques
en bronze doré, le tout relevé par deux frontons
latéraux ornés de figures symboliques, rehaussé par
la polychromie des marbres et des bronzes, surmonté enfin par les groupes de l'Harmonie et de
la Danse ouvrant leurs ailes dans les cieux, — c'est
que cette façade offre un ensemble d'une majesté
si tranquille et si imposante que l'on oublie sa
grandeur pour ne songer qu'à son harmonie et
que la pensée se reporte instinctivement vers les
chefs-d'œuvre de l'architecture antique. Le reste
du monument est en rapport avec la façade :
chaque partie en est nettement marquée : derrière
la loggia, tout le long de façade, le foyer ; en
arrière, une coupole marque l'emplacement de la
salle, et derrière encore, la scène est indiquée par
un fronton triangulaire, surmonté d'un Apollon,
qui élève, pour en détacher nettement le contour
sur le ciel, une lyre d'or.

L'intérieur répond à l'extérieur : on admirera
le magnifique escalier en fer à cheval, et les
trente colonnes qui en soutiennent la cage, sur laquelle, aux divers étages, des balcons viennent
dessiner leurs festons ; l'avant-foyer tout en
mosaïque, le foyer magnifiquement décoré, orné
de belles peintures de Paul Baudry, représentant

Place Vendôme.

les arts depuis leur origine jusqu'à nos jours, et enfin, la salle, or et rouge, qui est la plus vaste du monde.

On ne sera pas étonné, après avoir vu l'Opéra d'apprendre qu'il a coûté environ 36 millions. L'architecte en est Charles Garnier, mort récemment, à qui on se propose d'élever un monument sur un des bas-côtés de son œuvre grandiose.

Une des rues qui viennent former le rond-point de l'Opéra est la Rue de la Paix. Elle est le quartier général des grand couturiers et des modistes. Du carrefour de l'Opéra, nous voyons se profiler dans son axe une colonne d'aspect sombre et sévère : c'est la Colonne Vendôme qui se dresse au milieu de la place du même nom.

Cette place est composée d'hôtels construits sur le même plan, dont le dessin remonte à Mansart ; elle frappe par la sévérité et la noblesse de ses grandes lignes. La colonne de bronze qui s'élève à son centre, raconte un chapitre de l'épopée napoléonienne, elle fut élevée par l'empereur à la gloire de la Grande Armée : construite en maçonnerie, elle est revêtue entièrement de bas-reliefs de bronze, fondus avec 1200 canons pris à l'ennemi et qui s'élevant en spirale, représentent des épisodes des campagnes de 1806 et 1807 ; elle fut renversée en 1871 par les communards, mais relevée depuis et surmontée d'une statue de l'empereur.

La Rue de Castiglione qui part de la Place Vendôme pour se diriger vers le Sud, nous ramène à la Rue de Rivoli que nous traversons pour entrer dans le jardin des Tuileries.

Ce jardin, un des plus beaux de Paris, remonte dans son dessin primitif, légèrement modifié, à Le Nôtre, qui a dessiné les jardins de la plupart des palais de Louis XIV. L'époque contemporaine l'a embelli encore en y plaçant un grand nombre de statues.

A cela s'ajoute qu'on y jouit d'une vue magnifique, car dans l'axe de la Grande Allée, on aperçoit à la fois d'un côté l'obélisque de la Place de la Concorde et dans le lointain, l'Arc de Triomphe de l'Etoile, tandis que de l'autre côté, on voit l'Arc de Triomphe du Carrousel qu'encadre la masse énorme du Louvre.

Entre le jardin des Tuileries et la Place du Carrousel, rejoignant l'une à l'autre les ailes puissantes du Louvre et le fermant avec symétrie s'élevait autrefois le palais des Tuileries. Construit au commencement du XVIIème siècle et peu remarquable dans son architecture, il servit de résidence aux souverains à partir de 1789: aussi fut-il le théâtre des scènes de pillage et des coups de force qui eurent lieu à chaque révolution, jusqu'à ce qu'il disparut complètement incendié en 1871, dans celle d'entr'elles qui accumula le plus de ruines.

En quittant le jardin des Tuileries pour nous engager sur la Place de Carrousel, formée par les deux ailes du Louvre, nous avons devant nous, dressé au milieu de la place, élégant, mais depuis la disparition des Tuileries, un peu isolé, l'Arc de Triomphe du Carrousel.

Construit en 1806 à l'imitation de l'Arc de Septime Sévère à Rome, il est orné de bas-reliefs rappelant les campagnes de Napoléon; mais il n'était pas donné au grand empereur d'y mettre la dernière main et c'est la Restauration qui en 1828, l'a couronné d'un groupe où elle s'est représentée elle-même sur un char attelé de chevaux.

En face, adossé à des massifs de verdure se trouve le monument élevé en 1888 à la mémoire de Gambetta.

Lorsque, tournant le dos à l'Arc de Triomphe nous dirigeons nos regards vers le monument de Gambetta, nous embrassons dans son ensemble l'incomparable perspective qu'offrent les trois ailes du Nouveau Louvre. En arrière, formant une cour carrée, s'étend le Vieux Louvre, dont les ailes sont orientées de telle sorte que l'on peut désigner chacune d'elles par l'un des points cardinaux, celle qui se trouve le long de la Seine étant l'aile Sud. L'ensemble, s'il manque un peu d'unité, n'en est pas moins d'une magnifique harmonie, si bien que par la majesté de ses grandes lignes comme par le fini de ses détails, le Louvre constitue une œuvre unique dans l'histoire des civilisations.

Les destinées d'un grand peuple sont écrites dans ces pierres et il n'a pas fallu pour créer cette merveille moins de dix siècles d'histoire et un effort artistique poursuivi pendant plus de 300 ans, dans les traditions les plus pures, avec un goût qui ne s'est jamais démenti.

Le Louvre remonte aux origines de la royauté et il n'a été complètement fini qu'en 1857. De la forteresse primitive déjà ancienne sous Philippe-Auguste, en 1240, et dont une rangée de pierres marque la place dans l'angle S. O. de la cour du Vieux Louvre, il ne reste plus de traces.

Les parties les plus anciennes du Louvre actuel qui sont peut-être les plus belles sont précisément cet angle Sud-Ouest; mais elles ne remontent qu'à la Renaissance; elles furent construites sous François Ier vers 1540, par le célèbre architecte Pierre Lescot et ornées de sculptures par Jean Goujon. Depuis, chaque grand roi a tenu à honneur d'apporter sa contribution à cette œuvre immense. Catherine de Médicis, faisait ajouter l'aile qui tombe perpendiculairement sur la Seine, où se trouve aujourd'hui la galerie d'Apollon et bâtissait le long de la Seine la grande galerie du Sud, que Henri IV, vers 1600 prolongeait jusqu'aux Tuileries. Louis XIII construisait dans le même style que l'angle Sud-Ouest l'angle Nord-Ouest et Louis XIV fermait la cour du vieux Louvre par la façade Est, où se trouve, donnant sur la place, la belle colonnade de Ch. Perrault. Enfin Napoléon III terminait l'édifice

Les Jardins des Tuileries.

en construisant l'aile Nord du Nouveau Louvre, le long de la Rue de Rivoli et, à l'intérieur, des corps de bâtiments destinés à rétablir le parallélisme général légèrement irrégulier.

Un décret de la Convention faisait du Louvre, demeure royale, un musée, où l'on devait réunir les trésors artistiques provenant des biens nationaux: Ce musée s'enrichit considérablement sous Napoléon Ier, et il continue à s'enrichir tous les jours; actuellement il occupe, dans les deux étages, les quatre ailes formant la cour du Vieux Louvre et la plus grande partie de l'aile Sud, le long de la Seine; seules, l'extrémité de l'aile Sud et l'aile Nord tout entière sont occupées par des services publics, la 1ère par le Ministère des Colonies, la 2ème par le Ministère de Finances.

On ne voudra pas quitter Paris sans avoir fait une visite au Musée du Louvre, (ouvert de 9^h à 5^h, tous les jours, sauf le lundi; le dimanche, de 10^h à 4^h); mais ce Musée est si riche que quinze jours de travail assidu ne suffiraient pas pour le voir un peu sérieusement. Contentons-nous de donner quelques indications sur la manière dont on peut utiliser pour le mieux une courte visite. D'une manière générale il comprend:

Au rez de chaussée: sculptures antiques (Nouveau Louvre, aile Sud — Vieux Louvre, angle Sud-Ouest de la Cour); sculptures de la Renaissance (Vieux Louvre, angle Sud-Est);

sculptures modernes (Vieux Louvre, angle
Nord-Est); Antiquités égyptiennes et asia-
tiques (aile Est, sur la Place du Louvre).

Au 1ᵉʳ étage: Musée de Peinture (Nouveau Louvre,) et, tout autour de la Cour du Vieux
Louvre, en commençant dans l'angle Sud-Ouest et
se dirigeant vers le Nord: Peinture, dessins
(aile Est), Aquarelles, dessins et pastels
(aile Nord), Antiquités de Chaldée et de
la Suziane, Anciens appartements (aile
Est), enfin Antiquités égyptiennes et céramique antique (aile Sud).

Enfin le 2ᵉᵐᵉ étage, moins intéressant, comprend un musée de la marine, un musée
ethnographique, un musée chinois etc.

Bien que chacune de ces collections soit
classique dans son genre et que beaucoup d'entre
elles soient les plus complètes et les plus belles
qui existent, nous recommandons pour une courte
visite de faire un choix restreint et de ne pas
disperser son attention sur les milliers d'objets
qui se présentent aux regards. C'est ainsi que
nous conseillons de voir:

Quelques salles de sculpture antique:
rez de chaussée; Entrée au pavillon Denon (Nouveau Louvre au Sud): Parcourir la galerie Denon,
traverser l'escalier Daru et la Rotonde, pour
s'arrêter à la salle Grecque qui contient les
œuvres de Phidias; parcourir les salles du Vieux
Louvre, aile Sud: Salles du héros combattant,
de la Pallas etc., pour arriver à la Vénus de
Milo et en revenant par la série des salles en
retour, regagner l'escalier Daru.

Quelques salles du Musée de peinture:
1ᵉʳ étage: monter par l'escalier Daru (Victoire de
Samothrace); Rotonde; Galerie d'Apollon,
cette merveille, où l'on ne sait ce qu'il faut le
plus admirer, de la salle elle-même (peintures de
Lebrun, tapisseries des Gobelins etc.) ou des
merveilles qu'elle contient (meubles Louis XIV,
objets précieux et reliquaires, ciboires, joyaux, ce
qui reste des diamants de la couronne, magnifique
collection d'émaux, etc.); de là, dans le Salon
Carré, où l'on a réuni les plus belles
œuvres de toutes les écoles; ça et là, si
on a le temps, quelques œuvres caractéristiques,

choisies en particulier dans les salles françaises,
par ex.: galerie du XVIIème siècle, 734, Poussin,
les Bergers d'Arcadie; galerie du XVIIIème siècle,
369, Greuze, l'Accordée de village; 371, la
Cruche cassée; 982, Watteau, l'Embarquement
pour Cythère, etc.; salle du XIXème siècle; Salle
Duchatel, 422, Ingres, la Source, etc.

Dans les Sculptures de la Renaissance,
(Rez-de-Chaussée, Entrée sur la Cour du Louvre,
angle Sud-Ouest.) Salle Jean Goujon, le plus
remarquable sculpteur français de la Renaissance:
la Diane à la Biche; Salle Michel-Ange, à côté.
Michel-Ange, Prisonniers enchaînés destinés au
tombeau du pape Jules II, etc.

Enfin, si l'on a encore quelque temps à con-
sacrer aux antiquités, on ne saurait en voir de
plus intéressantes que celles découvertes récemment
par Mad. Dieulafoy dans les fouilles de Suze et
de Ninive (Vieux Louvre, aile Est, au 1er) et qui
montrent à quel point ces anciennes civilisations
se rencontrent parfois dans leur conception artistique
avec nos fantaisies les plus modernes.

Si nous sortons du Louvre par la porte qui
se trouve au milieu de la façade Est, sous la
colonnade de Perrault et débouche sur la Place
du Louvre, nous avons en face de nous l'église
de St. Germain l'Auxerrois. Nous sommes
toujours sur un sol historique. Cette église fut
érigée une première fois en l'an 560; elle fut prise en
886 par les Normands qui s'y retranchèrent et
l'entourèrent de fossés. L'église actuelle ne date
toutefois dans ses plus anciennes parties que du
XVIIème siècle, ce qui est le cas du clocher, et de
la 1ère moitié du XVIIIème siècle; encore certaines
parties sont-elles postérieures. C'est du petit
clocheton de droite que partit, dans la nuit de
24 août 1572, jour de la Saint-Barthélemy, le
signal du massacre des protestants arraché par
Catherine de Médicis à la faiblesse de Charles IX.
Cette église a entr'autres objets d'art de beaux
vitraux, dont certaines parties sont du XVème et
du XVIème siècle et un admirable banc d'œuvre en
bois sculpté du XVIIème siècle.

Pour regagner la Rue de Rivoli nous passons
devant un édifice que sa rosace flamboyante ferait
prendre pour une église: c'est la mairie du Ier

Arrondissement, construite dans ce style, ainsi que la tour qui la sépare de l'église uniquement pour des raisons de symétrie.

En suivant la Rue de Rivoli nous croisons bientôt une des grandes artères de Paris, c'est le Boulevard de Sébastopol qui se prolonge en droite ligne par le Boulevard de Strasbourg jusqu'à la gare de l'Est. S'élargissant à cet endroit même, il forme la Place du Châtelet, où était jusqu'au commencement de ce siècle l'importante prison du Châtelet; aujourd'hui deux grands édifices s'y font vis-à-vis, ce sont deux théâtres : l'un est le Châtelet ; l'autre, qui servait provisoirement dans ces derniers temps d'Opéra Comique, vient d'être loué par la Ville à Sarah Bernhardt.

C'est la place du Châtelet qui est le point central de l'intéressante promenade que l'on peut faire dans les Egouts de Paris. (S'adresser à l'avance par écrit à la Préfecture de la Seine: des visites régulières ont lieu le 2me et le 3me mercredi de chaque mois, mais il en sera organisé de supplémentaires pendant l'exposition.) L'itinéraire parcouru va des Arts et Métiers au Châtelet, promenade que l'on fait en wagonnet, et du Châtelet au Louvre, où l'on va en bateau. Descente du côté du Conservatoire des Arts et Métiers par la Rue Saint Martin au droit de l'Eglise St. Nicolas des Champs, et du côté du Louvre par le quai, à l'angle de la Rue du Louvre en face du bureau des omnibus: les deux groupes de visiteurs, descendus en même temps aux deux extrémités, se croisent au Châtelet.

Au delà du Boulevard de Sébastopol, formant l'angle entre la Place du Châtelet et la Rue de Rivoli, s'élève, isolée au milieu d'un square une élégante tour gothique. C'est la Tour St. Jacques; construite de 1508 à 1518, elle faisait autrefois partie de l'église de St. Jacques la Boucherie, démolie en 1789. Il est intéressant d'en faire l'ascension, (s'adresser au gardien du square). On y voit en bas une statue de Pascal, rappelant que du haut de cette tour, le grand mathématicien fit des expériences pour étudier les lois de la chute des corps: en haut, sur la plate-forme, une statue colossale de St. Jacques, et, curieusement sculptée, la figure de l'aigle, du lion et du bœuf, symboles des trois évangélistes ; ce ne sont

Hotel de Ville.

là que des restaurations, mais faites fort exactement
d'après les originaux qui, abimés par le temps,
ont été déposés dans le jardin des Thermes, près
du musée de Cluny. La vue dont on jouit du
haut de cette plate-forme est magnifique, car la
tour, haute de 52^m, est située au milieu de Paris.

En continuant notre promenade dans la Rue
de Rivoli, nous arrivons bientôt à la place de l'Hôtel
de Ville, célèbre autrefois sous le nom de Place
de Grève, comme le théâtre des exécutions capi-
tales. Aujourd'hui, elle est ornée d'un bel édifice
de style renaissance: c'est le nouvel Hôtel de
Ville, qui, après l'incendie de l'ancien en 1871,
fut reconstruit à peu près sur le même plan.

De même que les Tuileries, siège de la
royauté étaient comme le symbole du gouvernement monarchique, l'Hôtel de Ville, centre de tous
les soulèvements populaires, est l'expression con-
crète du principe démocratique: les deux adver-
saires ont été emportés dans la même tourmente:
l'Hôtel de Ville seul devait se relever de ses
ruines.

Dès l'époque de la domination romaine, Paris
la »ville située au milieu des eaux« avait une
corporation de nautonniers les »nautae parisiaci«
qui se transforma plus tard en une »hanse« de
marchands.

Au XIIème siècle une ordonnance de Philippe-
Auguste donnait des magistrats municipaux à cette
communauté: c'étaient les »échevins« dont le chef
était le »prévôt«. Le premier prévôt en qui l'histoire
voie vraiment l'instigateur des revendications populaires s'affirmant en face de la royauté est Etienne
Marcel dont on verra entre l'Hôtel de Ville et la
Seine la belle statue équestre, par Marqueste et
dont, à l'intérieur, de belles peintures de J. P.
Laurens rappellent le souvenir; c'est lui d'ailleurs
qui le 1er, en 1357, établit Place de Grève, l'hôtel
de la prévôté.

L'ancien Hôtel de Ville datait du milieu du
XVIème siècle. Il joua un rôle considérable dans
toutes les révolutions populaires, depuis le jour
(17 juillet 1789) où, après la prise de la Bastille,
Louis XVI quittait Versailles pour venir s'y mettre
sous la protection du maire de Paris (J. P. Laurens,
la Voûte d'acier), et, depuis l'époque de la Terreur,
où il était le siège de la Commune, jusqu'en 1871,
où une nouvelle Commune s'y établissait, et où,
forcés de se retirer devant l'armée de Versailles
après une lutte de 24 heures, les Communards y
mettaient le feu en y laissant six cents des leurs.

L'Hôtel de Ville, (visible tous les jours sauf
le dimanche, de 2^h à 3^h) intéressera par son architecture générale; on remarquera surtout la série
de statues des grands hommes nés à Paris qui
se trouvent entre les fenêtres renaissance, la
belle horloge, l'élégant campanile et les groupes
symboliques qui les ornent, enfin sur le faîte
douze statues colossales de chevaliers. A l'intérieur
on peut visiter un certain nombre de salles
qui intéresseront surtout par leurs peintures, d'un
goût tout moderne, curieuses en tout cas, et dont
quelques-unes sont des chefs-d'œuvre (J. P. Laurens,
les scènes historiques dont nous avons parlé,
— Puvis de Chavannes, l'Hiver).

De la Place de l'Hôtel de Ville, le Pont
d'Arcole nous fait passer directement dans l'île de
la Cité. C'est là, comme nous l'avons dit, la partie
la plus ancienne de Paris, et l'île a gardé en effet
deux des monuments qui caractérisent le mieux
les origines lointaines de la France, une cathédrale
et l'ancien palais des rois, celui-ci à vrai dire complétement transformé et devenu le Palais de Justice.

Notre Dame! »Elle est forte comme un
éléphant et fine comme un insecte.« Cette com-
paraison pittoresque du délicat artiste qu'est Anatole
France rend bien l'impression que l'on éprouve à
contempler ce chef-d'œuvre de l'art gothique dans
la majesté sévère et l'harmonie de ses grandes
lignes comme dans le fini de ses détails.

Quelle belle composition que sa façade dont
les trois étages nettement marqués mettent si bien
en valeur les divers motifs et permettent de les
étudier séparément sans toutefois les isoler de
l'ensemble : d'abord les trois grands portails, dont
chacun, finement sculpté, mérite d'être étudié
longuement; au dessus, barrant toute la façade de
sa régularité qui porte en elle la diversité, la
Galerie des Rois, rangeant l'une à côté de l'autre
ses vingt-huit statues; plus haut encore, une belle
rosace de près de 10^m de largeur, et enfin, couronnant
le tout, une galerie à jour de légères colonnettes
qui prend encore toute la largeur de la façade,
tandis que les deux tours, où manquent malheu-
reusement les flèches, en terminent avec symétrie
le dessin régulier.

L'intérieur de la cathédrale intéressera aussi
par son architecture, les belles boiseries du chœur,
quelques tombeaux et nombre d'œuvres d'art. On
montre le trésor de l'église qui n'est pas particulièrement intéressant (reliques, objets du culte,
riches, mais pour la plupart modernes, souvenirs
historiques etc.).

On peut monter sur la tour (20 cents., entrée
dans la tour du Nord), d'où on jouit d'une belle
vue. Au point de vue technique, Notre Dame est
particulièrement intéressante : car, commencée en
1160 et poursuivie pendant tout le XIIIème siècle,
elle permet d'étudier dans ses diverses parties les
transformations successives du style ogival.

Sur la place du Parvis Notre-Dame est
l'Hôtel Dieu, l'hôpital le plus ancien de l'Europe; il fut fondé en 660 et est aujourd'hui, l'un
des mieux installés; il a coûté 32 millions; sa
visite intéressera les spécialistes, mais il n'est pas
accessible au grand public.

De la place du Parvis en suivant le quai et
en longeant la Préfecture de Police, où sont réunis
tous les services de la police, on arrive bientôt

au Boulevard du Palais, le grand boulevard qui traverse la Cité et dont tout un côté est occupé par le Palais de Justice.

Le Palais de Justice est un immense édifice dont les origines sont très anciennes, puisque sous la domination romaine, il y avait là un palais que les rois Francs habitaient en même temps que le palais des Thermes. Les parties les plus anciennes de l'édifice actuel, (on remarquera la tour de l'Horloge, à l'angle Nord-Est, avec la plus ancienne horloge de France), et la Sainte Chapelle, ne datent toutefois que du XIIIème siècle. A partir du XIVème siècle, il cessa d'être habité par les rois, qui le cédèrent au Parlement, et il est toujours resté depuis, au milieu des transformations et des reconstructions, le domaine des »gens de robe«.

On ne manquera pas de visiter la Sainte-Chapelle, qui est peut-être le plus bel édifice religieux de Paris (visible tous les jours sauf le lundi de 11^h à 5^h). On y accède par une cour en venant du boulevard.

Elle fut construite de 1245 à 1248, d'après les plans de Pierre de Montereau par St. Louis qui voulait conserver les reliques et les fragments de la vraie croix que lui avaient envoyés les empereurs latins de Constantinople, et elle a été restaurée par Viollet-le-Duc. Elle se compose de deux chapelles superposées. On admirera l'élégance de la Chapelle haute qui ne forme qu'une nef, de 20^m de hauteur, mais où l'évidement des grandes baies gothiques ne laisse plus que la place d'une fine nervure de pierre encadrant de magnifiques verrières aux couleurs chaudes et vives.

De l'extérieur l'architecture de la Sainte Chapelle apparaît très élégante; elle est surmontée d'une flèche extrêmement aiguë dont la fine silhouette domine le Boulevard St. Michel, dans l'axe duquel elle se trouve.

Sur la façade Nord du Palais de Justice, le Quai de l'Horloge nous fait passer devant la Conciergerie, qui servit de prison et où l'on montre encore quelques cellules historiques, entr'autres celle de Marie-Antoinette, transformée en oratoire (le jeudi de 10^h à 3^h avec permission de la préfecture de police); elle ne sert plus aujourd'hui que de prison préventive.

Nous arrivons ainsi au Pont-Neuf qui effleure le bout de l'île de la Cité et où nous voyons la statue de Henri IV: pont et statue sont extrêmement populaires; le pont peut-être parce qu'il est, malgré son nom, le plus ancien de Paris; il fut construit précisément au commencement du XVIIème siècle par le roi dont il porte la statue; la statue sans aucun doute, à cause de l'aimable roi dont elle reproduit l'image et dont aujourd'hui encore le peuple aime à faire revivre le souvenir.

Si dans une petite excursion sur la rive gauche, nous franchissons sur le Pont-Neuf le petit bras de la Seine, nous arrivons à peu près en face d'un grand bâtiment qui est l'Hôtel des Monnaies. Il est par lui-même peu remarquable, mais il renferme un musée qui intéresserait vivement les numismates par ses collections très complètes de monnaies françaises et étrangères ainsi que par ses collections de coins, d'instruments de monnayage et de médailles. D'un intérêt plus général serait encore une visite dans les ateliers où l'on fabrique les monnaies d'argent, les seuls que l'on puisse visiter; on y verrait procéder à toutes les opérations qui se rattachent à la frappe et on admirerait la perfection de certaines machines qui peuvent frapper jusqu'à 60 pièces en une minute et livrer ainsi à la circulation 2 millions de francs en une journée. (Musée et ateliers, visibles les mardi et vendredi, de midi à 3^h avec permission spéciale, indispensable, délivrée sur demande écrite par Mr. le Directeur des Monnaies.)

Tout à côté de la Monnaie est le Palais de l'Institut qui tourne vers la Seine une imposante façade en demi-cercle avec un péristyle corinthien. Fondé par Mazarin et destiné à être un établissement d'éducation pour les jeunes gens de quatre provinces qui venaient d'être annexées à la France (Roussillon, Pignerol, les Flandres, l'Alsace) il s'appela d'abord Collége Mazarin et était connu sous le nom de Palais des Quatre Nations. La Convention, en créant l'Institut, lui assigna ce palais comme résidence, et, depuis, le superbe dôme qui le surmonte a continué à abriter les cinq Académies.

On sait en effet que l'Institut de France se
compose de cinq Académies : Académie Française,
Académie des Inscriptions et Belles-Lettres (inscriptions et antiquités), Académie des Beaux-Arts,
Académie des Sciences (mathématiques et physiques), Académie des Sciences morales et politiques.
Chacune d'elles se compose de 40 membres, sauf
l'Académie des Sciences qui en a 66. L'Institut
embrasse donc, sans exclusion aucune, toute l'élite
intellectuelle de la France.

En face de l'Institut, le Pont des Arts nous
ramène au centre de Paris, où le visiteur trouvera
facilement dans une salle de spectacle ou simplement dans une promenade sur les boulevards
l'emploi de sa soirée.

CHAPITRE II.

La Rive droite.

En tête de notre second chapitre qui portera
sur le Paris de la rive droite, en négligeant désormais le centre à proprement parler et en nous
dirigeant d'une manière générale de l'Est à l'Ouest,
nous placerons tout d'abord, hors cadre en quelque sorte, quelques curiosités qui se prêtent à
une visite matinale et que, étant donné leur
éloignement, on ne saurait guère voir dans la
journée sans leur sacrifier beaucoup trop de temps.
On pourrait faire par exemple le matin soit une
promenade aux Abattoirs, où la visite pourrait être
particulièrement matinale et pourrait comprendre le
joli parc des Buttes Chaumont, soit une visite au
cimetière du Père Lachaise, soit simplement une visite
à l'église du Sacré-Cœur de Montmartre, pour y
admirer la belle vue d'ensemble dont on jouit sur
Paris.

A l'extrémité de la longue Rue de Lafayette
qui commence à peu près à l'Opéra, deux rues,
très longues encore, formant entre elles un angle
aigu, conduisent, l'une, la Rue de Flandre, aux
Abattoirs, l'autre la Rue d'Allemagne, au Marché
aux bestiaux.

Marché et abattoirs méritent d'être vus. Que
l'on se rende directement à l'un ou à l'autre,
on pourra longer un instant tout au moins le bassin
de la Vilette, qui n'a pas moins de 65.000^m de
superficie et qui donne à ce quartier de Paris
l'aspect d'un véritable port; il n'y arrive pas moins
de 1200 bateaux par mois.

Les Abattoirs que l'on peut visiter
(s'adresser au concierge; pourboire) ont leur entrée
principale Rue de Flandre; ils n'ont pas moins de
19 hectares de superficie; autour de 32 vastes cours,
désignées par les lettres de l'alphabet, sont rangés
les échaudoirs où l'on abat les bêtes et où l'on les
»habille«; puis on verra la triperie, fort importante,
outillée à la façon d'une usine, et la boyauderie;
à gauche du 1er groupe de cours, se trouvent le
brûloir et le fondoir; du côté du marché se trouvent encore une usine frigorifique et une usine
électrique. Les bouchers des Abattoirs sont des

commerçants en gros appelés dans l'argot du métier
»chevillards«, qui vendent aux débitants de détail;
ils abattent jusqu'à 1200 bœufs, 500 veaux,
800 moutons et 1000 porcs par jour.

Des passerelles jetées au dessus du canal de
l'Ourcq font communiquer les abattoirs avec le
Marché aux bestiaux dont le spectacle le
matin est aussi très curieux et qui se tient tous les
jours dans trois pavillons en fer pourvant contenir,
celui du milieu 4600 bœufs, celui de gauche
22.000 moutons, celui de droite 7000 porcs et
4000 veaux.

Non loin du Marché aux Bestiaux sont les
Buttes Chaumont, anciennes carrières de plâtre,
transformées sous le second empire en un parc
très étendu extrêmement pittoresque (rochers, lac,
île, cascade de 32^m, belles passerelles etc.) et d'où
l'on jouit d'une vue magnifique sur Paris.

Nous ne nous dissimulons pas qu'une visite
à un cimetière ne fournira pas précisement le genre
d'émotion que viendront chercher à Paris la plupart
des visiteurs de l'exposition. Nous signalerons
toutefois brièvement aux personnes qui, ne fût ce
que par besoin de contraste, désireraient jouir de
quelques heures de calme et de solitude, une visite
au Père Lachaise: elles ne sauraient trouver un
endroit plus favorable à quelques instants de
recueillement, sûres en même temps de trouver à
chaque pas, si elles le désirent, des objets propres
à satisfaire leur goût artistique.

Le cimetière du Père Lachaise, ainsi
nommé du Jésuite confesseur de Louis XIV. qui avait
une villa en cet endroit, est dans l'Est de Paris:
l'Avenue de la République, qui part de la Place
de la République et est le prolongement en ligne
droite des Grands Boulevards, y conduit directement. Il a plus de 40 hectares de superficie:
bornons-nous à recommander une promenade dans
l'Avenue principale (tombe de Rossini, A de Musset,
les généraux Lecomte et Cl. Thomas, ôtages de
la Commune en 70); à l'extrémité, le beau monument aux Morts, de Bartholomé, tout récent;
de là, en se rendant au Grand-Rond, à travers la
11ème division, où les tombes d'artistes sont spécialement nombreuses (Chérubini, Chopin, Boïeldieu,

Grétry, Hérold, Lavoisier) ; le Grand-Rond (Casimir
Périer) ; l'Avenue de la Chapelle (Thiers, Bizet etc.).

On trouve à chaque instant des noms qui,
encore aujourd'hui, sont dans toutes les bouches ;
et nous n'avons pas besoin de dire que les
monuments les plus beaux ne sont pas toujours
ceux qui portent les noms les plus illustres.

A un autre point de vue, le Père Lachaise
pourrait intéresser encore quelques visiteurs : il
contient en effet un four crématoire où les corps
sont incinérés par réfraction à une température
qui va jusqu'à 800° ; l'opération dure une heure :
les cendres sont enfermées dans le Columbarium.
On ne peut visiter le four crématoire, hors la salle
publique, qu'avec une autorisation de la direction
des Affaires Municipales (ancienne caserne Lobau,
près de l'Hôtel de Ville).

Enfin une troisième promenade qu'on peut
faire également d'assez bonne heure, et qui, celle-là,
demande beaucoup moins de temps, est une visite
à Montmartre et à l'église du Sacré Cœur.

La butte Montmartre est une colline aux
pentes assez rapides qui s'élève au Nord des
grands boulevards ; elle est en quelque sorte le
quartier général des artistes, et d'autre part,
contraste étrange, elle est couronnée par une église,
la Basilique du Sacré Cœur, dont la construction fut décrétée en 1874 par l'Assemblée
Nationale. Depuis 30 ans cette église s'édifie sans
relâche au moyen d'une souscription nationale qui
a fourni environ 25 millions. Elle est construite
dans le style romano-byzantin, on peut visiter,
moyennant une légère rétribution, sa crypte et ses
tours, où l'on voit une cloche, la Savoyarde, offerte
par la Savoie, qui pèse 18.000 K.

Un escalier monumental doit être construit
devant la basilique, dont la façade domine Paris
et d'où le visiteur voit se dérouler à ses pieds, dans
toute son immensité, le panorama de la capitale.

Non loin de là est le cimetière Mont-
martre, ou sont aussi bien des tombes intéressantes :
H. Heine (Boerne est au Père Lachaise), Dumas
fils, Renan etc.

Après cette course matinale, nous arrivons à
notre promenade générale de l'Est à l'Ouest de

Place de la Bastille.

Paris, pour laquelle nous partons de la Place de la Bastille.

La Place de la Bastille est sur l'emplacement de la célèbre prison d'état dont la prise (14 Juillet 89) inaugura la Révolution et, devenue depuis le symbole de la destruction de l'Ancien Régime, est célébrée tous les ans par la France moderne dans une fête nationale. Elle est ornée en son milieu d'une belle colonne de bronze de 47^m de haut, surmontée d'un élégant génie de la Liberté éclairant le monde. C'est la »Colonne de Juillet«, qui fut élevée sous Louis-Philippe pour enfermer dans ses caveaux les victimes de la Révolution de Juillet (1830) et qui, plus tard, la fortune ayant changé de face, devait contenir aussi les restes des victimes de la Révolution de Février (1848).

De là nous atteignons en quelques minutes la Place de Vosges toute voisine; très curieuse avec sa régularité sévère, ses maisons d'un plan uniforme, où la brique se mêle aux pierres de taille et avec sa statue équestre de Louis XIII, elle mérite de fixer un instant notre attention. Comme le Palais-Royal, elle eut, elle aussi, une destinée brillante. Construite sur l'emplacement de l'ancien palais des Tournelles, qu'avaient habité les rois au XIVème et au XVème siècle, elle fut longtemps, sous le nom de Place Royale, le rendez-vous du Paris élégant. C'est qu'elle était en effet le centre du beau Paris; nous n'en voulons pour preuve que le voisinage de l'Hôtel Carnavalet, résidence de la brillante marquise de Sévigné, où la ville de Paris a installé aujourd'hui un de ses plus curieux musées.

Après le Louvre et le Conservatoire, après le Musée de Cluny et, si l'on s'intéresse â la peinture moderne, après le Musée du Luxembourg, on ne manquera pas de visiter le Musée Carnavalet, qui est le Musée historique de la Ville de Paris (ouvert les mardi, jeudi, dimanche, de 11^h à 5^h). C'est d'abord une idée très heureuse que d'avoir enfermé une collection dans ce petit hôtel qui est en lui-même une merveille, car, achevé par Mansart, il offre sur sa façade et dans la cour des statues et ornements de Jean Goujon. Ancienne propriété d'une dame de Cernevalet, de qui provenait son nom, il fut habité pendant 18 ans, par Mme de Sévigné. On s'orientera vite dans ce petit hôtel symétrique, dans les deux étages duquel s'entassent, soigneusement étiquetés et classés par époques successives, une foule d'objets de toute sorte, meubles, tableaux, armes, faïences etc. qui donnent un singulier relief à l'histoire et nous font vivre littéralement au milieu des siècles passés: quelle intensité de vie ne donnent pas par exemple à la Révolution des collections aussi complètes que celles qui sont relatives à cette époque, la belle collection de faïences révolutionnaires, la »tasse à la guillotine« etc.

Dans le voisinage de l'Hôtel Carnavalet est installée dans l'ancien hôtel du célèbre Cardinal de Rohan, l'Imprimerie Nationale dont nous recommandons spécialement la visiite aux personnes qui s'intéressent à l'art de l'imprimerie (le jeudi à 2^h $^1/_2$ avec des billets délivrés, sur demande écrite, par le directeur): elles y trouveront en effet réunies sur un grand pied d'installation toutes les branches d'industrie qui se rattachent à l'imprimerie, depuis la fonte des caractères, en passant par les ateliers de clichage, de galvano-plastie, de glaçage du papier, d'impression, de lithographie, etc. jusqu'à la brochure et la reliure. L'imprimerie est destinée à imprimer surtout les documents officiels, mais elle est réputée pour sa belle collection de caractères, depuis ceux — les

plus beaux — que fondit Garamond, à l'époque
de la Renaissance, pour faire ses magnifiques
éditions des œuvres de l'antiquité, jusqu'aux
types grecs, syriaques, arméniens, persans et
samaritains.

Tout à côté les Archives Nationales
contenant un musée d'un intérêt très spécial, mais
très riche, le Musée Paléographique (il est
public le dimanche de 1^h à 3, le jeudi aux mêmes
heures, avec un billet délivré par le Garde
général).

A une distance relativement peu considérable
de l'imprimerie nationale se trouve un établissement
que les techniciens mettront au premier rang des
curiosités qu'ils doivent visiter à Paris : c'est le
Conservatoire des Arts et Métiers, dont
l'entrée, sur le joli square qui porte son nom, n'est
qu'à quelques pas du croisement du Boulevard de
Sébastopol et des grands Boulevards.

Le Conservatoire joue un double rôle, il est
un Musée industriel et une École Supérieure
d'Industrie. La fondation du Musée remonte à la
Convention qui, en créant le Conservatoire en 1794,
le forma de la réunion de trois collections de
machines dont l'une avait été léguée à Louis XVI
par Vaucanson. — C'est en 1789 que lui fut
affecté l'édifice où il se trouve aujourd'hui, qui
est un ancien prieuré relevant de l'abbaye de
Cluny et dont certaines parties, l'église et le
réfectoire (lequel est, paraît-il, de Pierre de
Montereau, l'architecte de la Sainte Chapelle),
peuvent être admirées encore aujourd'hui.

Actuellement la collection des instruments et
des machines catalogués et étiquetés avec soin
et qui sont d'un intérêt historique très considérable,
occupe la plus grande partie des deux étages de
l'édifice. Faisons connaître simplement les grandes
divisions du musée (visible les dimanche, mardi,
jeudi de 10 à 4^h, les autres jours à midi $^1/_4$,
1^h $^3/_4$, 2^h $^1/_2$ avec une carte de la Direction.)

Au rez-de-chaussée : A droite en entrant, puis
en faisant le tour des galeries : Mines, Métallurgie,
Agriculture, Constructions rurales (greniers, fermes
etc.). Economie sociale (habitations ouvrières etc.),
écoles, hôpitaux, appareils de chauffage, égouts de

Paris, constructions civiles, appareils de chauffage,
ventilation, puis bâtiments, ponts etc. Horlogerie,
Géodésie, Astronomie.

Au 1er étage : Salle d'honneur très intéressante
par ses pièces originales; appareils de Lavoisier,
horloge de Berthoud, chronomètre de C. Leroy,
pompe à feu de l'abbé Vollet, etc. puis en allant
vers la droite .et faisant le tour des galeries:
Récepteurs, machines à vapeur, chemins de fer.
Physique, puis Machines-outils, Arts chimiques,
Chimie industrielle, Tissage, Filature ; enfin, donnant
sur le Square, le portefeuille industriel où sont
conservés jusqu'à l'expiration des brevets, les
originaux, les dessins des machines nouvelles, etc.

En ce qui concerne l'enseignement donné au
Conservatoire, il ne sera peut-être pas sans intérêt,
pour le mettre en valeur, de le ranger à sa place
dans une vue d'ensemble sur l'enseignement
technique, tel qu'il est compris en France. Cet
enseignement peut se diviser en 3 catégories.

A. Enseignement technique supérieur:

a) le Conservatoire, qui a 15 chaires de
sciences appliquées aux arts et à l'industrie.
Les cours, publics et gratuits, sont faits le
soir par les professeurs les plus éminents,
quelquefois devant un public de 5 à 600
personnes;

b) l'Ecole polytechnique, qui se recrute
par voie de concours et fournit après 2 ans
d'études des officiers d'artillerie de terre et de
mer, de génie, de marine et des ingénieurs
de l'état, ingénieurs hydrographes, ingénieurs
des Postes et Télégraphes, etc. Elle se continue
en quelque sorte par 2 écoles:

c) l'Ecole des Ponts et Chaussées, qui,
recrutée au choix parmi les candidats sortant
de Polytechnique, fournit des ingénieurs des
Ponts et Chaussées ;

d) et l'Ecole des Mines, qui se recrute dans
les mêmes conditions et a diverses missions
(v. p. 50);

e) Ecole Centrale des Arts et Manu-
factures, qui fournit des ingénieurs pour
toutes les branches de l'industrie et les

travaux et services publics dont la direction
n'appartient pas nécessairement aux ingénieurs
de l'état. Elle se recrute aussi par concours.

Enfin on peut y ranger l'E c o l e d e s B e a u x -
A r t s, (v. p. 55) enseignant la peinture, la sculpture,
l'architecture et la gravure. Les élèves qui ob-
tiennent les grands prix sont envoyés à Rome, à
la Villa Médicis, et pensionnés par l'état pendant
4 ans.

Toutes ces écoles qui, en général se recrutent
par voie de concours, ont un niveau très élevé et
si elles sont peut-être moins nombreuses que celles
des autres pays, elles leur sont, comme valeur, ou
égales, ou supérieures.

B. Enseignement technique moyen. Il est
donné par quelques E c o l e s d e s A r t s e t
M é t i e r s en province (Aix, Angers, Châlons)
quelques E c o l e s d e s M i n e s (Alais, Douai) etc.
Ces écoles ont pour but de créer des chefs
d'ateliers et des ouvriers instruits pour les industries du bois et du fer; mais, trop peu nombreuses et inférieures, elles sont le côté faible de
l'enseignement technique de la France.

C. Enfin **l'Enseignement technique du 1er
degré** est donné d'un côté par des écoles purement professionelles, telles que l'E c o l e d' h o r -
l o g e r i e de Paris etc., d'autre part, par une
série d'écoles très intéressantes qui se sont
proposé de porter l'atelier dans l'école même et
qui joignent à l'enseignement général donné dans
les écoles primaires supérieures (Höhere Volksschulen), des exercices et des travaux manuels
dans un certain groupe d'industrie, toutefois sans
spécialisation. Telles sont à Paris l'E c o l e D i d e r o t
(Boulevard de la Villette, 60) où l'on fait trois années
d'apprentissage dans les métiers du fer et du bois,
l'E c o l e B e r n a r d P a l i s s y (Rue des Petits-
Hôtels, 19), formant des ouvriers artistes pour
certaines industries d'art, telles que céramique,
sculpture, dessins pour étoffes, peintures décoratives (les cours en sont gratuits); l'E c o l e B o u l l e
(Rue de Reuilly, 25) instruisant des ouvriers dans
l'industrie des meubles, bronzes d'art, ciselure,
gravure; enfin l'E c o l e E s t i e n n e (Boulevard

Porte St. Denis.

d'Italie, 18) ayant à son programme toutes les industries qui se rattachent au livre.

Ces écoles sont des institutions très remarquables dans leur principe et qui, étant de nature à maintenir à un niveau très élevé l'industrie d'un pays, contiennent peut-être une partie du secret de la supériorité artistique de la production industrielle française.

Reprenant notre promenade, nous trouvons derrière le Conservatoire l'Ecole Centrale, dont nous venons de parler et d'où la rue de Turbigo nous conduit en quelques pas à la belle Place de la République; elle est ornée d'un monument grandiose dont le piédestal célèbre par ses bas-reliefs les grandes scènes des Révolutions, tandis qu'au dessus s'élève une statue monumentale de la République, de Pierre Morice.

La série des grands boulevards qui commence à la place de la République et se dirige vers l'Opéra et la Madeleine est la partie la plus intéressante et la plus vivante du Paris moderne, surtout lorsqu'on se rapproche de l'Opéra, vers le Boulevard des Italiens.

Mais c'est là un spectacle qu'il faut voir et qui ne saurait être décrit.

Contentons-nous de signaler au passage sur le Boulevard St. Martin la Porte St. Martin et sur le Boulevard St. Denis, la Porte St. Denis,

La Madeleine.

arcs de triomphe élevés en 1674 et 1672 en l'honneur de Louis XIV; plus loin sur le Boulevard des Italiens, à gauche, au coin de la Rue Favart le nouvel Opéra Comique, construit par Bernier, élégant et d'un goût délicat, surtout dans les peintures dont l'intérieur est orné, mais qui a l'inconvénient d'être bien petit.

Les magnifiques Boulevards des Italiens et des Capucines, où nous nous retrouvons à l'Opéra, nous amènent à la Madeleine, très curieuse église commencée sous Louis XV, que Napoléon fit transformer en un temple romain destiné à glorifier les soldats de la Grande Armée, et qui fut rendue plus tard, sans qu'on en modifiât le plan, à sa destination primitive. Avec sa masse énorme sur un soubassement très élevé, son péristyle et sa belle colonnade corinthienne, elle est d'un aspect très original et extrêmement imposant.

La Rue Royale, digne de figurer à côté des boulevards, nous amène à la Place de la Concorde, qui passe à juste titre pour l'endroit de Paris qui peut donner la plus haute idée de la beauté de la capitale: tandis que les deux beaux bâtiments symétriques, qui sont l'Automobile Club à gauche et le Ministère de la Marine à droite, encadrant magnifiquement la perspective de la Rue Royale dominée par la Madeleine, forment un fond imposant au tableau, le regard s'arrête au delà

Place de la Concorde.

de la Seine sur la façade monumentale de la
Chambre et après s'être reposé sur les verdures
du jardin des Tuileries, il franchit d'un trait toute
l'Avenue des Champs Élysées, pour s'attacher
tout au loin à la silhouette de l'Arc de Triomphe.

En ce qui concerne la place elle même, son
caractère d'élégance est fortement marqué par 18
colonnes rostrales, deux magnifiques fontaines, les
statues de 8 grandes villes, parmi lesquelles celle
de Strasbourg, objet d'un culte pieux et, dressant
au milieu sa silhouette étrange et bizarrement
artistique, énigmatique témoin des splendeurs modernes évoquant les splendeurs passées, l'obélisque
qui, il y a trois mille ans, veillait sur le temple
de Thèbes aux Cents Portes.

La magnifique Avenue des Champs Élysées,
qui a tout près de 2 Kil. de long est peut-être
l'endroit de Paris qui frappera le plus l'étranger
par l'incomparable spectacle de richesse et d'élégance qu'il offre, lorsque, dans les soirées de la
belle saison, équipages et automobiles se hâtent
vers le bois. Sous les beaux ombrages du parc
qui se trouve des deux côtés de l'avenue, se sont
installés nombre de spectacles et lieux de plaisir:
(à droite, cafés-concerts, Ambassadeurs, Folies
Marigny, Cirque d'été, derrière lesquels se trouvent
les jardins du palais de l'Élysée habité par le
président de la République [entrée Rue du Fau-

Avenue des Champs Elysées.

bourg St. Honoré], à gauche, Jardin de Paris et un restaurant à la mode, Ledoyen).

Avant d'arriver à l'Arc de Triomphe, il nous faut encore signaler entre les Champs Élysées et la Seine, 3 musées intéressants chacun dans son genre, mais dont, à moins d'un intérêt spécial, on sera sans doute amené dans un court séjour à Paris à sacrifier la visite.

C'est d'abord le Musée Galliera (Avenue du Trocadéro, tous les jours de midi à 4 heures sauf le lundi), charmant édifice tout récent, dans le style de la Renaissance italienne que la duchesse de Galliera a offert à la ville et où celle-ci, dans un sentiment très délicat du parti qu'on pouvait tirer de ce beau cadre, a réuni de vieilles tapisseries, de beaux marbres, et des objets d'art moderne (objets en argent ciselé, étains artistiques, grès émaillés, porcelaines flammées etc.).

Le Musée Guimet (Place d'Iéna, tous les jours de midi à 5 heures, sauf le lundi) fondé par M. Guimet au retour d'une mission entreprise pour étudier les religions de l'Orient, expose, outre de très belles collections de céramique chinoise et japonaise, de très nombreux objets relatifs aux religions des Indes, du Tibet, de la Chine et du Japon, et des objets d'art provenant de ces mêmes pays, qui n'on pas été sans exercer une certaine influence sur l'art moderne.

Rapprochons de ce Musée le Musée Cernuschi (dim., mardi, jeudi de 10 à 4), situé à vrai dire près du Parc Monceau, Rue Velasquez 7, mais renfermant des collections célèbres d'objets d'art chinois et japonais.

Enfin le Trocadéro qui nous améne déjà à l'Exposition renferme 2 musées très intéressants. L'un (au 1er étage) est un Musée ethnographique (jeudi, dim. de 11 à 5, les autres jours avec une carte), analogue à toutes les collections de ce genre, mais très riche, surtout en objets provenant des pays du Nord, de la Russie, et présentant une collection originale, celle des diverses provinces de la France, avec costumes, meubles etc. (intérieur breton, intérieur paysan de l'Ariège, de la Lorraine etc.).

L'autre, le Musée de sculpture comparée (tous les jours de 11 à 5 sauf le lundi) est du plus grand intérêt et unique en son genre; il renferme, classés par ordre chronologique, des moulages qui sont la reproduction des œuvres de sculpture monumentale des siècles passés en France et à l'étranger: il est riche surtout en reproductions des parties de monuments religieux du Moyen-Age en France, dont les proportions parfois très considérables sont du plus grand effet.

Pour compléter la série des Musées, signalons à cette place le remarquable Musée des Antiquités Nationales de St. Germain-en-Laye, dans les environs de Paris; c'est une collection très considérable d'objets trouvés sur le sol de la France et se rapportant aux époques les plus reculées. Elle est renfermée dans le magnifique château de St. Germain, qui à lui seul mériterait qu'on lui consacrât une promenade.

L'Arc de Triomphe de l'Etoile qui est au bout des Champs Elysées a été élevé par Napoléon en 1806 à la gloire de la Grande Armée, mais il n'a été achevé que bien plus tard.

Il est de proportions énormes et n'a guère moins de 50^m de haut.; de tous les groupes de sculpture qui l'ornent, on cite comme le plus remarquable celui de Rude, le sculpteur puissant: le Départ de 1792, (à droite, du côté des Champs Elysées). Il s'élève au croisement de 12 avenues dont deux des plus belles conduisent au Bois de Boulogne, l'Avenue du Bois de Boulogne et l'Avenue de la Grande Armée.

Une promenade au Bois de Boulogne est tout indiquée pour remplir la soirée d'un jour qui nous a menés dans son voisinage. On y fera un tour en voiture, en prenant comme but l'hippodrome de Longchamp, qui en est à l'extrémité et en faisant le tour des Lacs. Dans la journée on ne manquerait pas de visiter le Jardin d'acclimatation, qui est avec ses bêtes et ses distractions de toutes sortes le paradis des enfants.

Le soir, si l'on ne vise pas à l'économie, on pourra souper au Bois, où se trouvent les restaurants les plus élégants de Paris (Pavillon d'Armenonville, Madrid) pour revenir passer la soirée dans quelque spectacle des Champs Élysées.

CHAPITRE III.

La Rive gauche.

Nous voudrions mettre en tête de notre chapitre sur le Paris de la Rive gauche, comme nous l'avons fait pour les deux premières parties, une de ces curiosités qui intéressent le promeneur matinal, mais que le visiteur ménager de son temps pourrait négliger sans trop d'inconvénients.

Le côté qu'il nous reste à parcourir, ne se prête guère à vrai dire, à ce genre de promenade : nous nous contenterons donc de recommander pour les premières heures de la matinée une des promenades indiquées pour les jours précédents et nous y ajouterons simplement le Jardin des Plantes en avouant tout de suite que par son caractère populaire, aussi bien que par les heures où sont ouvertes ses parties les plus intéressantes, la Ménagerie et la Galerie d'Histoire Naturelle, visibles avec ou sans entrée de 11^h à 5^h, le Jardin des Plantes semble plutôt devoir être vu dans l'aprèsmidi.

Le Jardin des Plantes est situé près de la Seine, tout dans l'Est de Paris. C'est une institution des plus remarquables par son triple caractère d'établissement de haut enseignement, de musée d'histoire naturelle, et de lieu de promenade très apprécié du public parisien.

L'enseignement qui y est donné consiste en 18 cours publics et gratuits faits par les spécialistes les plus éminents et qui s'étendent à toutes les branches des sciences de la nature. La haute personnalité du directeur, parmi lesquels on cite au XVIIIème siècle, Buffon et Bernardin de St. Pierre, au XIXème Chevreul et actuellement Milne-Edwards, serait à elle seule une garantie de la haute valeur scientifique de cet enseignement.

Le Musée consiste dans des galeries embrassant elles aussi toutes les branches des sciences naturelles et dont les collections, notamment celles de zoologie et d'anatomie, sont les plus riches qui existent.

Enfin le visiteur se promènera avec délices dans le beau jardin botanique et surtout dans la Ménagerie qui offre en abondance les plaisirs habituels des curiosités de ce genre.

Nous ne quitterons pas le quartier du Jardin des Plantes sans signaler la Manufacture Nationale des Gobelins, qui est dans le voisinage (Avenue des Gobelins, 42), et dont la visite est fort intéressante, mais qui n'est visible que le mercredi et le samedi de 1ʰ à 3ʰ, si bien qu'une promenade aux Gobelins et au Jardin des Plantes absorbera tout un après-midi.

L'Etat avait sa Manufacture de tapisseries dès le XVIᵉᵐᵉ siècle: mais ce n'est que Louis XIV qui l'établit en 1662 dans la teinturerie des frères Gobelins, où elle est restée. C'est de là que sont sorties les belles tapisseries que l'on connaît. On pourra en voir une fort jolie collection qui constitue le Musée de la Manufacture; il sera plus intéressant encore de visiter les ateliers et de voir à l'œuvre, assis derrière leur métier, d'où ils ne voient que le revers de la tapisserie qu'ils composent, et devant le tableau qu'ils copient, qu'ils ne voient qu'en se retournant, ces patients artistes, dont le travail le plus assidu n'arrive guère à produire qu'environ 1ᵐq de tapisserie par an.

Nous ne saurions quitter la Manufacture des Gobelins sans mentionner une autre grande manufacture nationale très remarquable par ses produits, la Manufacture de porcelaine de Sèvres. Pour être un peu en dehors de notre programme, une visite à Sèvres ne laisse pas d'être fort intéressante, surtout pour le spécialiste. (Ateliers et Musée de céramique, visibles les lundi, jeudi, samedi de 11ʰ à 5ʰ, en principe avec une autorisation de la Direction des Beaux-Arts, 3, Rue de Valois.)

Des Gobelins, le Boulevard de Port-Royal nous ramène dans un quartier plus central, où une visite un peu pressée sera plus fructueuse; ce boulevard aboutit au carrefour de l'Observatoire, que nous pouvons prendre comme point de départ de notre nouvelle promenade.

Le carrefour est au centre de l'Avenue de l'Observatoire, qui aboutit vers le sud à l'Observatoire. Cet édifice est orienté de telle sorte que ses quatre façades correspondent aux quatre points cardinaux: la latitude de sa façade méridionale est la latitude de Paris; le méridien de Paris la coupe en deux parties égales. Il renferme un musée astronomique et on peut voir ses principaux instruments, mais seulement le 1er jeudi de chaque mois à 2 heures avec une permission du directeur.

L'autre partie de l'Avenue, arrangée en jardin, contient une belle fontaine qui représente les quatre parties du monde soutenant une sphère. L'Avenue se trouve dans l'axe de la Grande Allée du Jardin du Luxembourg, ce qui permet d'apercevoir de loin le Palais. Mais avant d'y arriver nous trouvons sur la droite entre le jardin et le Boulevard St. Michel, l'École des Mines.

Cette école, dont nous avons déjà parlé, n'a pas seulement pour fonction de former des ingénieurs des mines; elle se propose encore l'étude et la propagation de toutes les sciences qui se rattachent aux mines; elle établit la statistique minéralogique de la France, procède à des essais gratuits des substances minérales; enfin elle conserve un Musée de Minéralogie, de Géologie et de Paléontologie (mardi, jeudi, samedi, de 1 à 4$^{\text{h.}}$) qui est très riche et intéressera les spécialistes.

Le Jardin du Luxembourg, qui s'étend de là jusqu'au Palais est un des plus beaux de Paris et mérite d'être vu; il renferme un grand nombre de statues et de monuments intéressants. On remarquera surtout, dans la partie comprise entre le palais et l'Odéon, la belle Fontaine de Médicis, construite par Debosse au XVIIème siècle. Ce jardin emprunte une physionomie particulière et très intéressante au voisinage du Quartier latin et il est le rendez-vous de la jeunesse des écoles. Il encadre admirablement le beau Palais du Luxembourg qui, construit par Marie de Médicis au commencement du XVIIème siècle, après des destins très divers, est aujourd'hui le siège du Sénat.

On sait que le Sénat, une des deux Assemblées qui constituent le pouvoir législatif de la France se distingue de la Chambre des Députés en ce qu'il se recrute par une élection à deux degrés; c'est sans aucun doute à ce mode d'élection qu'il faut attribuer l'esprit de sagesse politique et de modération qui plus d'une fois a fort heureusement distingué le Sénat de la seconde assemblée législative.

Les séances du Sénat sont publiques; le palais peut être visité en tout temps; on remarquera, outre la salle des délibérations, la chambre à coucher de Marie de Médicis, fort intéressante par son ornementation en arabesques; en outre, pour peu qu'on s'intéresse à la peinture et à la sculpture on ne négligera pas le Musée du Luxembourg (ouvert tous les jours, sauf le lundi, de 9^h à 5^h, les dimanches et fêtes de 10^h à 4^h), qui se trouve dans une annexe, sur la gauche du palais en venant du jardin.

Comme Musée de peinture et de sculpture il vient, au point de vue de l'importance, immédiatement après le Louvre; il s'en distingue essentiellement en ce qu'il ne contient que des œuvres d'artistes encore vivants; il est l'antichambre du Louvre. Chaque artiste ne saurait y être représenté par plus de trois œuvres; il est donc de petite étendue et cela ne contribue pas peu à augmenter la satisfaction artistique qu'il procure.

Tout à côté du Luxembourg est le Théâtre de l'Odéon, théâtre de drame, subventionné par l'état, ce qui lui vaut le titre, juste à plus d'un égard, de Second Théâtre-Français. Il est peu intéressant comme monument, mais un tableau bien parisien s'offre sous ses galeries qui sont occupées par des librairies en plein vent et où à toute heure et quelque temps qu'il fasse, on voit des gens à l'esprit curieux, mais à la bourse légère, lire hâtivement le livre pris à l'étalage et qu'il sera désormais inutile d'acheter.

En remontant jusqu'au Boulevard St. Michel, on se trouvera au coin de la Rue Gay-Lussac; c'est dans cette rue, au N° 47, que se trouve le Musée pédagogique, auquel on pourra s'adresser pour toutes les questions relatives à l'enseignement (tous les jours, de 10^h à 5^h, sauf le dimanche).

Tout près de la Rue Gay-Lussac débouche sur le Boulevard St. Michel la Rue Soufflot, au bout de laquelle est le Panthéon. Tous les étrangers visitent ce remarquable monument dont la destinée est curieuse. Commencé en 1756 par Soufflot et destiné à être une église consacrée à Ste Geneviève, la patronne de Paris, la Convention en fit en 1793 un temple civil et national et grava

Rue Soufflot et le Panthéon.

sur son frontispice ces mots: »Aux grands hommes,
la Patrie reconnaissante«. Depuis, l'édifice flotte
au gré des révolutions entre ces deux destinations:
girouette politique, il indique d'où souffle l'esprit
du jour; la Restauration en refit Ste Geneviève,
après 1815; la Monarchie de juillet, le Panthéon,
après 1830; sous le Second Empire, après 1851,
il redevint église pour redevenir enfin temple
national en 1885, à l'occasion des funérailles de
Victor Hugo. L'édifice avec son beau péristyle,
un magnifique fronton de David d'Angers représentant la Patrie entre la Liberté et l'Histoire distri-
buant des couronnes aux grands hommes, et enfin
avec son dôme majestueux, forme un ensemble très
imposant. L'intérieur est orné de fresques dont
quelques unes de Puvis de Chavannes, J. P. Laurens,
Bonnat, sont très remarquables; dans l'abside la
statue colossale de la Liberté, par Falguière. Un
escalier de 425 marches, dans le bras gauche du
transept conduit au dôme, d'où l'on jouit d'une
vue magnifique sur Paris. Enfin on peut visiter les
caveaux qui contiennent les tombeaux reconnus récemment authentiques de J. J. Rousseau de Voltaire
puis ceux des deux Carnot, de Victor Hugo, etc.

Le quartier du Panthéon est essentiellement
le quartier des écoles. Pour donner une idée de
leurs fonctions relatives, peut-être ne sera-t-il pas
inutile de dire que l'enseignement public en France
comprend 3 degrés: l'enseignement primaire

(Volksschulen); — l'enseignement secondaire
(Mittelschulen) dont le type est le lycée, vaste
internat qui, au point de vue des études, corre-
spond avec ses deux programmes distincts au
Gymnase et à la Realschule; des types nombreux
nous en sont fournis tout autour du Panthéon :
Louis le Grand, le plus important, qui a
environ 1200 élèves, Henri IV, St. Louis; — enfin
l'enseignement supérieur, (Hochschulen)
qui est donné dans les 4 facultés, aussi tout près
du Panthéon : Ecole de Droit, Ecole de médecine
et, réunies dans le grand édifice appelé la Sorbonne, la Faculté des Lettres (philologie et philo-
sophie) et la Faculté des Sciences (physiques et
naturelles). En 1896, les 4 facultés ayant été
réunies par une loi en une Université, la Sorbonne
est redevenue le siège de l'Université de Paris,
qui compte aujourd'hui 14.000 étudiants ; la Sorbonne est un grand édifice, dont une partie
remonte à Richelieu (en particulier la chapelle qui
contient son tombeau), et dont les parties nouvelles
contiennent aussi de belles oeuvres d'art (fresques
du Grand Amphithéâtre, de Puvis de Chavannes etc.).

A côté de la Sorbonne, mais indépendant
d'elle et relevant directement du Ministère de
l'Instruction publique, il faut placer le Collège
de France, tout voisin, institution qui remonte
au XVIème siècle et où actuellement 40 cours
publics et gratuits sont faits sur toutes sortes de
matière par les professeurs les plus éminents.

Signalons encore toujours tout près du Panthéon, l'Ecole Polytechnique, dont nous
avons déjà parlé; l'Ecole Normale Supérieure,
qui a pour but de former une élite de professeurs
de lycées et de facultés, et qui, se recrutant au
concours dans toute la France et n'ayant qu'un
très petit nombre d'élèves, est d'un accès très
difficile et a un niveau d'études très élevé ; enfin,
Rue Claude Bernard, 16, l'Institut agrono-
mique, où sont enseignées les sciences agricoles.

On comprendra facilement que la réunion de
toutes ces écoles donne au quartier Latin une
physionomie toute spéciale : on s'en apercevra
vite en parcourant, surtout le soir, le Boulevard
St. Michel entre le Panthéon et le Musée de
Cluny et on aura bientôt fait de remarquer que

la jeunesse des Ecoles ne mérite tout au moins que par intermittence l'appellation de jeunesse studieuse par laquelle on la désigne souvent.

En descendant le Boulevard St. Michel, nous arrivons au M u s é e d e C l u n y, au coin du Boulevard St. Michel et du Boulevard St. Germain, entrée, Rue du Sommerard, 14 (tous les jours de 11^h à 5^h, sauf le lundi).

C'est le Musée historique de l'Art industriel et, comme nous l'avons dit, il mérite d'être vu au même titre que le Louvre et le Musée du Conservatoire. Le bâtiment qui le renferme, est déjà une merveille. Il est bâti sur l'emplacement de l'ancien Palais des Thermes, construit à l'époque romaine, au IIIème siècle après J. C. et que les rois Francs habitèrent comme le palais de la Cité; il reste encore de ce palais la salle de bains, très curieuse, où l'on parvient de l'intérieur du Musée.

L'édifice actuel dont la partie la plus intéressante est la façade sur la cour, est une fort belle construction gothique renaissance du XVème siècle, qui appartenait à l'abbaye de Cluny.

On se retrouvera facilement à l'intérieur du Musée qui n'est pas très grand; il a un rez-de-chaussée et un premier et étale dans de petites salles ses magnifiques collections de beaux objets d'arts de toutes les époques et de tous les pays: bois et meubles sculptés, peintures et sculptures moyen âge et renaissance, tapisseries, faïences artistiques de toutes les écoles, magnifique collection d'émaux, de verreries, d'orfèvrerie, serrurerie artistique etc. On n'oubliera pas la chapelle et la salle de bains du palais des Thermes, avec sa piscine et ses murs cyclopéens.

Si maintenant, en quittant le Boulevard St. Michel et tournant à gauche, nous prenons le Boulevard St. Germain jusqu'à la Rue des St. Pères, nous aurons le choix, selon que nous suivrons cette rue vers la droite ou vers la gauche, entre l'Ecole des Beaux-Arts et, dans un tout autre ordre d'idées, les Magasins du Bon Marché.

L'E c o l e d e s B e a u x - A r t s, dont nous avons déjà dit un mot, sera fort intéressante pour les

artistes, surtout en ce qu'elle offre une riche collection de moulages et de copies des œuvres
d'art étrangères.

Dans un ordre d'idées très différent, une visite
au Bon Marché intéressera, parcequ'elle illustrera
de l'exemple le plus caractéristique qu'on puisse
trouver, les problèmes économiques souvent dis-
cutés qui se rattachent au développement récent
et gros de conséquences des »grands magasins«.
Vendre à la fois à peu près tous les objets d'un
usage courant, offrir dans chaque genre un choix
énorme propre à contenter tous les désirs, vendre
absolument de confiance, en indiquant le fort et
le faible de chaque marchandise, dont le prix est
toujours marqué en chiffres clairs, permettre la
réflexion à l'acheteur qui peut retourner la marchandise déjà envoyée, si elle ne lui convient pas,
assurer une installation plus que confortable qui
met à la disposition du public salons de lecture,
bibliothèque, rafraîchissements gratuits, enfin assurer
tous les services jusque dans les derniers détails avec
un ordre parfait et pourvoir au bien-être des employés, — payés pour la plupart par des commissions
sur les ventes — par les institutions philanthropiques
les plus nombreuses, en mettant à leur disposition
outre le logement et le couvert, des salles de
billard, d'escrime, etc. et en allant jusqu'à leur
faire faire des cours du soir, telles sont les
grandes idées qui ont présidé au développement
d'un magasin comme le Bon Marché qui arrive
avec cette organisation modèle à réaliser le chiffre
énorme de 150 millions d'affaires par an. Une
visite au Bon Marché fera connaître bien des
détails intéressants. On peut se présenter tous les
jours à 1 $^{h}\,{}^{1}\!/_{2}$ au salon de lecture, un employé
est chargé de faire visiter l'établissement.

Le Boulevard St. Germain nous amène à son
extrémité à la Chambre des Députés en face
de la Place de la Concorde. Construit au XV.IIIème
siècle par une princesse de Bourbon, — d'où son
nom de Palais-Bourbon, — et devenu bien national
à la Révolution, cet édifice a toujours été depuis
la Révolution le Palais du Corps Législatif.

Sa façade primitive était à l'opposé de la
façade actuelle, qui offre un beau péristyle et qui
n'a été construite que dans ce siècle. On sait

Palais de Versailles.

qu'actuellement la Chambre, qui se compose de 581 députés élus par le suffrage universel, constitue, d'accord avec le Sénat, le pouvoir législatif de la France. Les séances sont en principe publiques, mais il est assez difficile d'avoir des cartes le jour où la séance est intéressante.

Tout à côté de la Chambre des Députés est le Ministère des Affaires étrangères immédiatement attenant à l'Esplanade des Invalides. Dans le fond, l'Hôtel des Invalides, où on voudra voir tout au moins le tombeau de Napoléon.

Indiquons toutefois encore sur la partie du Quai d'Orsay située au-delà de l'Esplanade au No 103, non loin de la tour Eiffel, le Garde Meuble National, dépôt des meubles qui appartiennent à l'État, qui expose en un musée visible tous les jours de 11^h à 5^h sauf le lundi, une belle collection de meubles authentiques, rangés par époque depuis Louis XIV jusqu'à l'époque moderne et du plus haut intérêt pour l'étude des styles.

L'Hôtel des Invalides apparaît d'abord comme une immense façade que surmonte en arrière un dôme doré très élevé. Si nous pénétrons dans la cour d'honneur par l'entrée principale, nous avons dans le corps de bâtiment de droite »côté de l'Occident«, le Musée d'artillerie; dans les bâtiments de gauche, le Musée de l'armée; en face l'église St. Louis.

En suivant un corridor le long de l'église et sur sa gauche, on arrive à l'autre façade de l'Hôtel,

Galerie des Glaces (Versailles).

d'où l'on rentre dans l'église qui supporte le dôme et renferme le tombeau.

Le Musée d'artillerie est un Musée d'armes de toutes sortes, à tous les âges et chez tous les peuples; il a plus de 10000 pièces, est le plus complet de l'Europe et est fort intéressant. On y trouve toutes sortes d'armures, d'armes blanches, armes à feu, etc. des galeries ethno-graphiques, représentant les guerriers d'Afrique, d'Océanie etc., des costumes de guerre de l'âge préhistorique et de l'antiquité; enfin beaucoup d'armes historiques ou remarquablement belles, les collections d'armes rapportées d'Egypte par Napoléon Ier, de Chine par l'expédition de 1860, etc.; à côté des armes, nombre de souvenirs de grande valeur datant surtout de Napoléon Ier, la »redingote grise«, l'habit de Marengo.

Le Musée de l'Armée est tout récent et peu considérable, mais il renferme aussi des sou-venirs intéressants. (Ces deux musées sont visibles les mardi, jeudi et dimanche de midi à 4^h; le tombeau de Napoléon les lundi, mardi, jeudi, ven-dredi et dimanche de midi à 4^h.)

L'Église St. Louis est surtout remarquable en ce qu'elle est décorée de deux longues rangées de drapeaux pris à l'ennemi.

Enfin dans l'église qui est adossée à l'Église
St. Louis et où l'on pénètre, comme nous l'avons
dit, par l'autre façade, le visiteur voudra juger par
lui-même du grand effet que produit le tombeau de
Napoléon, construit par Visconti. Descendu au fond
d'une crypte circulaire au bord de laquelle viennent
mourir l'agitation et le bruit, sous la voûte élevée,
sous le dôme resplendissant qui disent quelle fut
sa gloire, le grand empereur dort son dernier sommeil
au milieu des marbres somptueux dont un jour
tamisé et bleuâtre éteint le trop vif éclat; douze
belles figures de grandeur surhumaine, qui rappellent ses grandes Victoires, veillent silencieusement
autour de son tombeau et, dans la même église,
les sarcophages de ses frères, de Jérôme, roi de
Westphalie, de Joseph, roi d'Espagne et de ses
fidéles maréchaux Duroc et Bertrand, lui font
dans la mort même une petite cour.

C'est sur cette grande impression que nous
quitterons le voyageur en le déposant d'ailleurs
aux portes de l'exposition. Après l'ivresse des
victoires, la mélancolie de tout ce qui finit; après
les épreuves des années de luttes, les Fêtes du
travail et le triomphe de la Paix: jusqu'au bout,
Paris reste fidèle à sa devise: Fluctuat nec mergitur!

M. Gratacap.

GUIDE △△△△△△△△

DES

SECTIONS △△△△△△

AUTRICHIENNES △△

À L'EXPOSITION UNIVERSELLE DE PARIS 1900. △△△△△△△

LA PARISIENNE
STATUE SURMONTANT LA PORTE MONUMENTALE

LE PALAIS AUTRICHIEN DU QUAI D'ORSAY.

Porte monumentale Place de la Concorde.

Le Commissariat Général Autrichien.

Si l'on suit les Champs Elysées de la Place de la Concorde à l'Arc de Triomphe, la deuxième rue transversale qui coupe cette avenue, est l'Avenue d'Antin. Elle est bordée dans celle de ses deux parties qui se dirige vers la Seine par la façade postérieure du Grand Palais. Exactement en face le grand portail de ce palais, se trouve, au N⁰· 15, l'hôtel particulier dont le rez-de-chaussée est occupé par le Commissariat Général I. R. Les pièces qui donnent sur le petit jardin et sur l'avenue, sont aussi remarquables dans leur disposition que dans leur ameublement; elles contiennent:

Un salon de réception et les Bureaux du Commissaire Général et des Commissaires-Adjoints. Donnant sur une cour à qui la présence d'un petit jardin prête un aspect tout à fait riant, se trouvent la Salle de Conférences et les Bureaux auxiliaires, dont l'accès est, on le voit, très facile; plus loin sont encore les Bureaux du Service Commercial et du Service des Comptes, ainsi que ceux des Ingénieurs et des Architectes. L'ameublement et la décoration de toutes les pièces ont été confiés à la maison Portois et Fix, qui, au double point de vue des exigences administratives et de la représentation, s'est acquittée de sa tâche à son honneur.

Pont Alexandre.

Des artistes autrichiens edmeurant à Paris ont,
avec beaucoup de prévenance, contribué à pourvoir
le Commissariat de tableaux et d'objets d'art.

Les Bureaux du Commissariat sont ouverts
au public de 3 à 5 heures.

Pendant la durée de l'Exposition le Commissaire général organisera dans ses bureaux, à
époques régulières, une série de réceptions qui
réuniront les visiteurs autrichiens de l'exposition.

L'emplacement du Commissariat Général est
extrêmement favorable, puisque, tout en étant
situé dans un des quartiers les plus élégants de
Paris, il se trouve dans le voisinage immédiat, on
pourrait même dire exactement à la périphérie
de l'Fxposition; du Commissariat Général au
Pavillon autrichien, il faut cinq minutes sans se
presser; il ne faut pas plus longtemps pour se
rendre à la section autrichienne des Beaux-Arts
dans le Grand Palais; en 10 minutes on peut
se rendre à la section autrichienne du Groupe XII
sur l'Esplanade des Invalides et au Restaurant
Viennois; enfin on n'est pas à plus d'un quart
d'heure de la Porte Rapp au Champ de Mars.

Catalogue des sections autrichiennes.

Le Catalogue officiel édité par les soins du
Commissariat Général I. R. contient en 12 petits
volumes correspondant à la classification française
de l'Exposition, les données officielles relatives
à la participation de l'Autriche à l'Exposition.

Chaque volume est divisé en 3 parties; la
1ʳᵉ a pour but d'exposer dans quelle mesure
l'Autriche a contribué aux progrès accomplis au
XIXᵐᵉ siècle dans le groupe dont s'occupe le
volume; la 2ᵐᵉ contient l'exposé de la situation
économique et la statistique de chaque industrie;
la 3ᵐᵉ enfin comprend la liste des industriels
autrichiens qui exposent dans la section contemporaine du groupe, et le catalogue des objets
exposés.

Le catalogue est publié sous la direction de
M. Ign. Wottitz, Ingénieur, ancien Inspecteur
en chef des Chemins de fer; il comprend un grand
nombre d'études historiques et scientifiques, rédi-
gées par des spécialistes, sur les découvertes, les
inventions et les perfectionnements importants que
peut revendiquer l'Autriche dans les divers domaines
de l'activité humaine; enfin il est orné des portraits
des Autrichiens qui ont le plus efficacement
contribué au progrès au cours du XIXᵐᵉ siècle,
ainsi que de nombreuses gravures, et il est édité
dans son ensemble avec un luxe particulier.

L'ordre adopté dans ce guide a été choisi
de telle manière que le visiteur, commençant par
le groupe II, pourra suivre successivement, sans
fatigue et sans perte de temps, les sections
autrichiennes et, à l'aide du plan général annexé
et de la légende qui l'accompagne, trouver facilement les divers groupes qui en font partie.

Le Grand Palais.

Beaux-Arts.

L'art autrichien — peinture, architecture, sculpture — a trouvé sa place dans le Grand Palais ou dans les parterres qui l'entourent, ainsi que dans le Pavillon Autrichien. Pour visiter la section autrichienne des Beaux-Arts, on devra entrer dans l'Exposition ou bien par l'entrée principale (porte principale sur la Place de la Concorde), ou bien par la nouvelle Avenue qui aboutit aux Champs Elysées. Cette nouvelle Avenue est la première artère transversale qui coupe les Champs Elysées, en partant de la Place de la Concorde. De l'entrée principale du Grand Palais on parvient au 1er Etage, où sont situées les trois salles consacrées à la peinture autrichienne.

Au rez-de-chaussée, également sur la façade du Grand Palais, dans l'aile gauche située vers la Seine, se trouve la salle qui contient l'exposition autrichienne d'architecture; dans le Pavillon Autrichien, dans une salle et dans deux autres salons du 1er Etage, sont également exposés des tableaux d'artistes autrichiens.

Dans les parterres qui entourent le Grand Palais, on a disposé des œuvres de sculpture autrichiennes.

Esplanade des Invalides.

Ameublement,
Art industriel, Industries diverses.

Groupe XII et XV.

Esplanade des Invalides.

Sur l'Esplanade des Invalides, où l'on parvient par le nouveau Pont Alexandre en venant des Champs Elysées, se trouve un groupe de palais, dont le plan offre dans son ensemble la forme d'un fer à cheval. Si, en s'avançant entre les branches de ce fer à cheval, on marche directement vers le dôme des Invalides, qui est situé dans l'axe de la nouvelle Avenue, on se meut entre les ailes situées à gauche et à droite des Palais des Groupes XII et XV.

Après avoir franchi la Rue de l'Université, qui se trouve comprise dans l'enceinte de l'Exposition, on pénètre par la première entrée principale de l'aile de droite dans la section autrichienne, qui, extraordinairement bien située, forme le commencement de la grande bâtisse attribuée aux états étrangers; on y a mis à la disposition de la section autrichienne un espace total de 2400 mètres carrés.

Cette section comprend un grand hall, un rez-de-chaussée et une galerie, le tout relié

Haydn.
(Exposition de la Ville de Vienne.)

par un escalier monumental.

En face de l'entrée principale, en traversant en ligne droite le palais perpendiculairement à son axe longitudinal, on trouve une issue qui conduit à des quinconces dont les arbres doivent être conservés même pendant l'Exposition.

C'est sur cet emplacement que se trouve le Restaurant Viennois.

L'édifice qui renferme ce restaurant a été construit sur les plans de l'architecte-adjoint autrichien N e u k o m m, par l'entreprise L e C œ u r et Cie.

Ce restaurant est dans toute son installation un restaurant modèle; en vertu de l'autorisation de la direction française, toutes ses parties sont objets d'exposition; le concessionnaire, qui l'a fait bâtir et l'exploite à ses risques et périls, est M. George S p i e s s, un Viennois, ex - directeur de l'Hôtel Bellevue à Paris.

Dans les groupes XII et XV se trouvent au rez - de - chaussée les Verres, Porcelaines, Métaux.

Mozart.
(Exposition de la Ville de Vienne.)

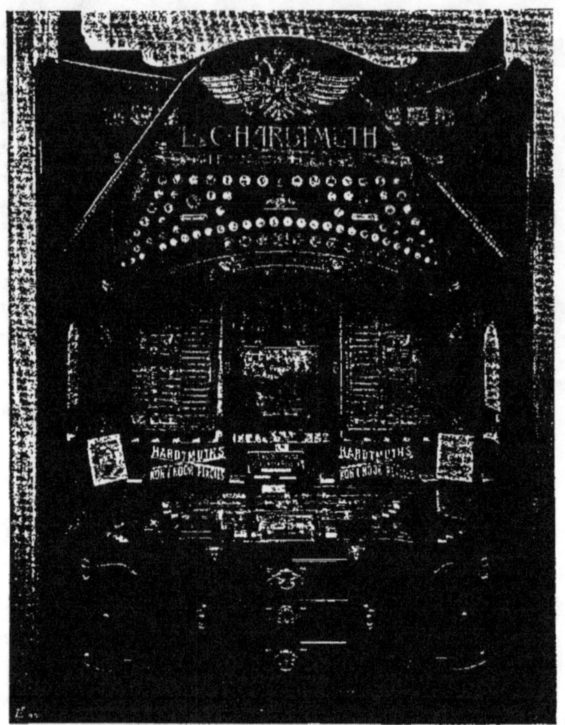

Exposition de la Fabrique I.-R. de crayons de L. et C. Hardtmuth à Budweis (Bohême).

Collection de crayons reconnus comme étant les meilleurs, marque Koh-i-noor et dessins exécutés avec ces crayons. Représentant à Paris: Pitet aîné, 51, Rue Poissonnière.

Cette même maison expose aussi dans l'Intérieur Viennois un poêle en majolique d'après un projet de l'architecte Josef Olbrich.

Des deux côtés du principal chemin de communication qui est dans l'axe longitudinal, contre le mur qui ferme la salle du côté des Quinconces, se trouvent:

1. L'exposition de l'industrie austro-hongroise des meubles en bois recourbé, exposition qui déborde sur l'exposition hongroise;
2. L'exposition d'ensemble des produits de quincaillerie de Gablonz,
3. Les grenats.

Beethoven.
(Exposition de la Ville de Vienne.)

A l'extrémité de l'axe longitudinal est d'un côté, attenante à l'exposition hongroise, une exposition de tapis, de l'autre, près du Japon, l'exposition d'un groupe des premières maisons Viennoises de petits articles de cuir.

Au centre de la galerie est l'objet le plus important du groupe, qui domine l'ensemble de l'installation; c'est la Salle d'honneur de l'Art industriel autrichien (M. Louis Baumann, Architecte). Les décorations des groupes XII et XV et de la Salle d'honneur sont exécutées par la maison Portois & Fix de Vienne.

Dans la Salle d'honneur se trouve une exposition organisée par le Musée I. R. Autrichien d'Art et d'Industrie: c'est l'Exposition rétrospective de l'Art Industriel autrichien, qui embrasse le XIXme siècle. Cette exposition centennale montre par quelques échantillons importants le développement et la productivité des arts décoratifs autrichiens de 1800 à 1900. Attenants à la Salle d'honneur dans la direction de l'avenue principale, se trouvent:

Schubert.
(Exposition de la Ville de Vienne.)

Intérieur Thonet Frères de Vienne.
Seuls Inventeurs et Fabricants brevétés des meubles
en bois courbé, 15 Bould. Poissonnière, Paris,
53 Rue St. Ferréol, Marseille, une des attractions du groupe. On y reconnaît comment le bois
courbé peut être adapté à toutes les exigences du
goût moderne.

L'Autriche peut être fière du succès que cette
industrie nationale a remporté dans le monde entier
et spécialement à l'Exposition.

1 Plusieurs Intérieurs, créés par des écoles
industrielles professionnelles d'Autriche; cette
partie de l'exposition a été confiée par le
Ministère I. R. autrichien de l'Instruction
publique au conseiller aulique M. de Scala,
Directeur du Musée autrichien d'Art et d'Industrie.

Ces Intérieurs comprennent:

a) Une copie de la chambre dite de Marie-Thérèse au château impérial de Schönbrunn.

b) La copie d'une chambre style Empire du palais occupé par le Ministère I. R. de l'Instruction publique et des Cultes (Vienne, Minoritenplatz 7).

c) Une collection de divers produits provenant d'écoles professionnelles industrielles autrichiennes.

2 L'exposition de l'Ecole d'Art Industriel du Musée autrichien d'Art et d'Industrie (M. Joseph Hoffmann, professeur, architecte).

De l'autre côté, vers les Quinconces attenant à la Salle d'honneur:

3 L'exposition de l'Ecole I. R. d'Art Industriel de Prague, faite d'après les plans de M. Ohmann, professeur et du directeur M. Stibral.

4 L'exposition collective des arts industriels des Industriels de Prague, faite d'après les plans de l'architecte Fanto, organisée par le comité spécial constitué pour le ressort de la chambre de commerce de Prague. A la suite viennent:

5 L'intérieur de l'exposition d'ensemble de l'Art Industriel de Galicie, d'après les dispositions de l'architecte M. le directeur Kováts.

6 Exposition d'ensemble d'art industriel des industriels Viennois (M. Olbrich, professeur, Architecte).

7 Intérieur de Salzbourg, copie d'une salle de la forteresse Hohensalzburg, exposé par le comité spécial de Salzbourg, sous la direction du Directeur du Musée de Salzbourg, M. le conseiller Petter.

8 L'intérieur du comité special pour l'industrie artistique styrienne, président Mr. le professeur Charles Lacher, directeur du Musée à Graz.

A la tête du Comité spécial d'art industriel était M. Louis Lobmeyr; c'est M. Louis Schmidt qui s'est occupé de réunir les objets exposés dans l'exposition d'ensemble N°· 6.

L'Intérieur Viennois moderne.

L'»Intérieur Viennois moderne«.
— C'est une pièce d'un caractère moderne exé-
cutée d'après le projet de l'architecte de grand
talent M. J. M. Olbrich, sous la direction tech-
nique de l'ébéniste i. r. de la Cour Louis Schmitt,
par un certain nombre d'industriels viennois
notamment par Mess. Klöpfer, Waschmann,
Richter, Papke, Alex. Albert, Richard
Ludwig, Rud. Chwalla & Sohn, L. & C.
Hardtmuth, Philipp Haas & Söhne, Carl
Vogel, Spieske, Dietrich, Franke et
Neuber; les frais ont été supportés par le Grand
Maréchalat à l'aide des fonds provenant de la taxe
du titre de fournisseur de la cour.

Il occupe un espace considérable dans la
Galerie de la Section autrichienne dans le Palais
de l'Art Industriel et il est propre à éveiller un
intérêt universel.

Il a 7 m 50 de long, 6 m. de large, 6 m. de
haut; il prend le jour d'en haut, ainsi que la
situation l'exigeait et est divisé par une petite
construction en forme de niche, qui a son

75

plafond séparé et prend aussi le jour d'en haut et contient un fourneau de coin original, des sièges et un recoin pour le jeu. Les meubles sont en acajou teinté en vert, alternant avec la couleur du lambris, en partie fouillés et incrustés ; les parois et les portes sont en partie incrustées de roses de nacre. Les parois au dessus des lambris qui ont de hautes découpures ainsi que les espaces vides du plafond sont tendus de broderies et applications satin de Chine clair. Le parquet est revêtu d'un tapis d'Ebergassing d'une seule pièce de 45 mètres carrés, fait à la main et contenant 2 millions et demi de mailles.

Cet espace est dans son ensemble un objet d'exposition du plus haut intérêt ; l'exécution si achevée de chaque pièce dans la branche d'industrie qui l'a produite, donne une haute idée du développement de toutes ces industries, et la conception de l'ensemble témoigne de la façon la plus heureuse et la plus flatteuse de la richesse d'idées des architectes dans le traitement des couleurs et des formes modernes.

Palais Autrichien.

Le Palais Autrichien du Quai d'Orsay
sur la rive gauche.

La Direction générale de l'Exposition Universelle a eu l'heureuse idée de réserver une des berges de la Seine, celle de la rive gauche, aux pavillons des diverses nations. Le quai a été reconstruit dans ce but; on a fait une plate-forme, qui recouvre en même temps le chemin de fer des Moulineaux, et ainsi on a eu l'espace nécessaire pour permettre aux puissances étrangères d'édifier leurs pavillons. Il était recommandé de les construire dans un »style notoire«, dans un style par conséquent qui fût caractéristique de l'histoire de la civilisation et de l'architecture de chaque pays ou de chaque peuple. Les commissaires des états étrangers qui, par les budgets dont ils disposaient, étaient à même de répondre à cette invitation de la Direction Générale, se sont tous efforcés de tenir compte de la prescription relative au style.

La série des Palais commence près de l'ancien pont des Invalides par le Pavillon de l'Italie, que suivent ceux de la Turquie et des Etats Unis d'Amérique; le premier et le troisième de ces pavillons ont des dimensions très considérables.

Le quatrième édifice sur la berge de la Seine est le Palais Autrichien. Il représente un petit château dans le style dit »barocco«.

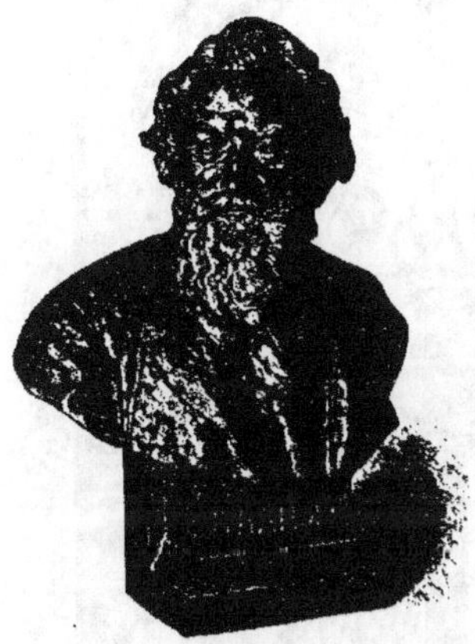

Brahms.
(Exposition de la Ville de Vienne.)

Il a été construit d'après le projet de l'architecte en chef M. Louis Baumann; l'ornementation architectonique, sculptures, ornements en fer forgé etc. ont été exécutés par des industriels autrichiens.

Le choix du style et l'approbation des plans ont eu lieu d'après le vote unanime du conseil adjoint au Commissaire Général.

L'espace a été concédé à un moment où les travaux préliminaires étaient déjà très avancés, grâce à une démarche de S. E. le Ministre des Affaires étrangères et de la Maison Impériale, le comte Goluchowski.

Bruckner.
(Exposition de la Ville de Vienne.)

La grille si artistiquement exécutée ainsi que
la porte principale du Palais Autrichien sont
travaillées à la main en fer forgé, de même que
toutes les parties metalliques des autres sections
autrichiennes. Elles sortent des ateliers de Alexander
N e h r à Vienne.

A l'intérieur du Pavillon, se trouve dans le
sous-sol sur le chemin qui longe la Seine une salle
de dégustation pour la bière de Klein-Schwechat
(Antoine D r e h e r) et l'exposition, comprenant aussi
un office de change installé par la Banque I. R.
privilégiée des Pays Autrichiens (k. k. priv. Oester-
reichische Länderbank) de Vienne et de Paris.

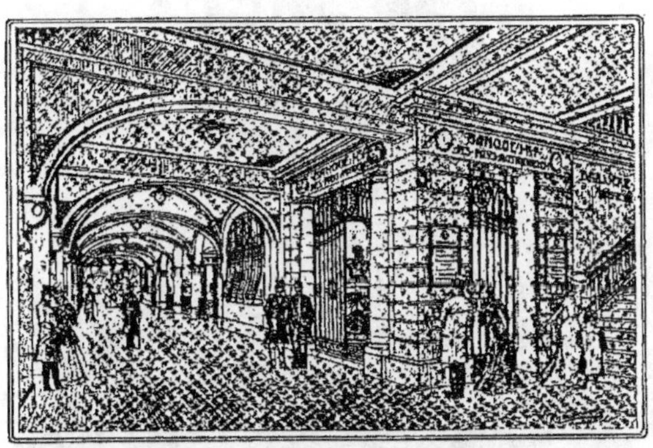

Bureau à l'Exposition Universelle, Palais Autrichien.

Banque Impériale-Royale Privilégiée des Pays-
Autrichiens (Länderbank) à Vienne. Succursale de
Paris, 12, Rue du Quatre Septembre. Bureau à l'Ex-
position au Pavillon Impérial d'Autriche, Quai d'Orsay.

Vue d'intérieur du bureau à l'Exposition Universelle.

L'Empereur Rodolphe de Habsbourg.
(Exposition de la Ville de Vienne.)

Au rez-de-chaussée, qui est situé sur la plate-forme, on pénètre par une porte monumentale dans un grand hall, qui conduit à gauche dans une galerie et dans deux salons carrés; c'est dans ces trois dernières pièces que la Ville de Vienne a organisé son exposition.

Dans la Galerie se trouve la statue équestre de l'empereur Rodolphe de Habsbourg, du sculpteur S e i b. L'importance du rôle joué par Vienne dans l'histoire de la musique y est symbolisée par les statuettes en bronze des anciens maîtres: H a y d n, M o z a r t, B e e t h o v e n, S c h u b e r t, et par les bustes également en bronze des maîtres

Salon de la Ville de Vienne.

modernes : B r a h m s, B r u c k n e r, J e a n
S t r a u s s, H u g o W o l f. Cette petite Galerie
d'honneur est l'œuvre des sculpteurs K a u f f u n g e n,
R a t h a u s k y, S c h e r p e, S e y f e r t et W e i g l.
A l'entrée se trouve une statuette équestre de
Léopold Ier, de C o s t e n o b l e. Les deux Salons
sont exécutés par M.M. Portois et Fix à Vienne.

L'un des Salons, en acajou avec ornementa-
tions en bronze doré mat, renferme une frise
murale très précieuse pour laquelle on a utilisé
quelques esquisses originales du Cortège de
M a k a r t.

On y a placé quelques anciens tableaux dont
le sujet est relatif à la part qui revient à Vienne
dans les progrès accomplis au cours du dernier
siècle : »Une Soirée en l'honneur de Schubert
dans une maison bourgeoise de Vienne«, de
»J u l e s S c h m i d«, le »Salon du Conseiller
aulique Dumba«, où se trouvent réunis de célèbres
artistes Viennois, par T e m p l e. On y voit

Exposition Collective des Etablissements thermaux de l'Autriche.

aussi un buste en marbre de Grillparzer, du sculpteur Bitterlich, qui représente le poète jeune, à l'époque où il créa son œuvre immortelle.

L'autre Salon, blanc et vert, contient des tableaux qui représentent la Ville elle-même: tout d'abord une grande »Perspective à vol d'oiseau de Vienne en 1900«, dessinée par Pendl, peinte par Darnaut, puis deux vues: »La Place Saint-Etienne à l'époque de la Confirmation« et »La Place de l'Hôtel-de-Ville, le soir, à l'heure de la musique«, peintes par Geller; enfin deux dessus de portes »le Corso de la Ringstrasse« et le »Corso au Prater«, peints par Lenz. Les deux aquarelles de Rodolphe Alt. »L'ancien Hôtel de Ville« et »L'Atelier de Makart« sont dressées sur chevalet.

Ce sont MM. Mayreder, Architecte, professeur, et le Dr. Glossy, qui sont les auteurs de cette partie de l'exposition.

Du grand hall, on parvient dans l'Exposition collective des Bains et Villes d'eaux de l'Autriche

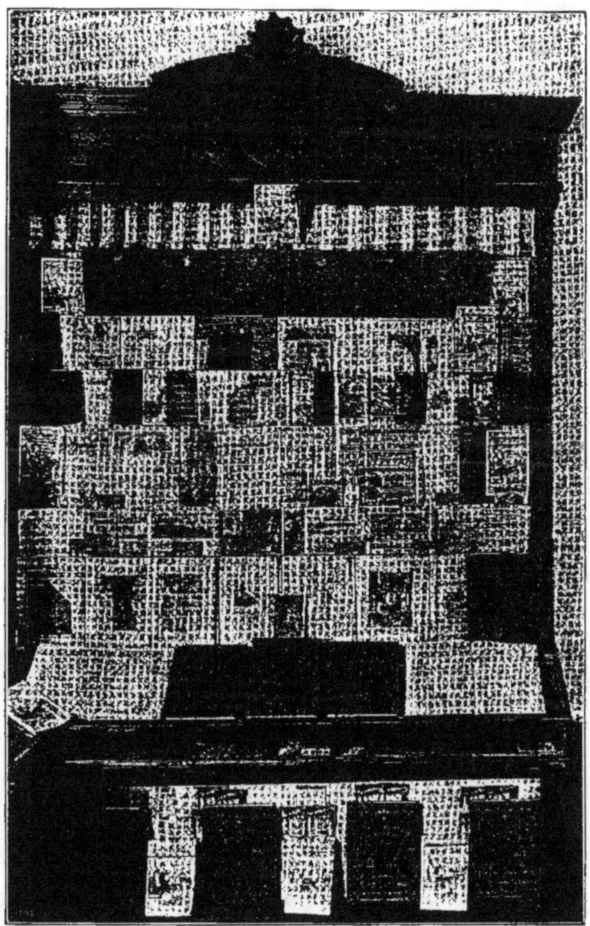

située dans l'axe de l'édifice, en arrière du Grand Escalier. A droite, se trouve l'Exposition de la Presse autrichienne et de la maison Haasenstein & Vogler (Otto Maass) à Vienne *(voir l'illustration ci-dessus)* avec salon de lecture.

Un pavillon, circulaire situé sur la façade antérieure et à l'angle droit du bâtiment, forme un salon de réception exécuté par la maison P o r t o i s et F i x et qui est un objet d'exposition.

Salon de réception.

Ce Salon de réception est exécuté, d'après des dessins de M. Max F a b i a n i, architecte, par la maison P o r t o i s & F i x à Vienne, III. Ungargasse 53, Paris, 41, Boulevard Haussmann. Le bois est de l'érable, les appliques et les incrustations sont en argent. Les murs sont tendus de satin blanc garni d'applications. L'ensemble est extraordinairement distingué.

Le Salon servira pour diverses fêtes. La simplicité dans l'exécution correspondant aux matériaux employés, est particulièrèment digne d'attention.

Un escalier en fer à cheval, qui est supporté par de puissantes cariatides, conduit au premier étage. Dans trois galeries ouvertes sont exposés des tableaux de maîtres autrichiens. Dans le pavillon du coin est une exposition d'une Association fondée dans le but d'améliorer la situation économique de la Dalmatie.

Au premier étage se trouve l'Exposition de la »Société d'Encouragement des intérêts dalmates«

Exposition de la Société d'Encouragement des Intérêts
dalmates.

qui, par cette exposition, se propose d'attirer
l'attention du monde entier sur ce beau pays, si
peu apprécié selon ses mérites, sur cette nature
pittoresque, sur sa population aux costumes
multicolores et sur ses monuments historiques.

Cette Exposition, dans l'organisation de
laquelle le président de la Société, Comte Jean
Harrach ainsi que le conservateur du Musée
Impérial de Vienne, M. le Dr. M. Haberlandt
se sont particulièrement distingués, captive l'oeil
par le charme des costumes, les riches broderies,
de style national, par les armes, les produits de
l'industrie domestique et par la bijouterie indigène
et présente ainsi un tableau des plus clairs du
pays. La Société espère que l'Exposition aura
pour résultat d'amener dans cette très intéressante
contrée une recrudescence de visiteurs.

Grillparzer.
(Exposition de la Ville de Vienne.)

La Faune du pays est représentée par quelques spécimens curieux (schakal, pélican) le sol par des roches, etc.

Les merveillenses beautés naturelles de la Dalmatie sont figurées par les tableaux comprenant les remarquables aquarelles de Ludwig Hans Fischer, de Rudolf Swoboda et par de nombreuses photographies parmi lesquelles nous signalons les vues prises par S. A. I. et R. Mad. l'Archiduchesse Josepha.

Les richesses archéologiques si imposantes du pays sont montrées dans les photographies de M. Joseph Wlha de Vienne, placées sur les deux étagères tournantes. La configuration du sol se reconnaît dans la carte en relief de Freytag & Berndt de Vienne.

Sur le côté gauche sont situés le Bureau du Commissaire Général et l'Exposition autrichienne des Postes et Télégraphes.

Jean Strauss.
(Exposition de la Ville de Vienne.)

Si l'on descend la rive gauche on passe le
restaurant du Pavillon de Bosnie, propriétaire
J. W a l c h, ancien Chef des cuisines du Grand
Hôtel, à Paris, qui grâce à ses menus exquis et
à ses excellents vins jouit d'une réputation de

Hugo Wolf.
(Exposition de la Ville de Vienne.)

Restaurant du Pavillon de Bosnie.

premier ordre dans sa clientèle française et
étrangère. Des prix modérés, une vue magnifique
et une situation pittoresque au bord de la Seine,
Rue des Nations.

Si l'on continue à descendre la rive gauche
de la Seine, on arrive au Pont de l'Alma, et au
delà, toujours sur le Quai d'Orsay, on trouve
l'exposition de l'Armée.

Armée.
Groupe XVIII. Quai d'Orsay.

Il a été longtemps douteux qu'il y aurait une
exposition de l'armée. Le Ministère de la Guerre
français, avec son changement incessant de chefs,
prit une attitude très hésitante dans cette question,
où il était pourtant très intéressé, car d'après le
premier projet, c'était l'administration de la guerre
qui devait prendre en main cette exposition. Enfin
le Commissaire Général, M. Picard, se décida à
organiser le groupe XVIII et fit figurer les frais
de construction de l'édifice dans le budget de
l'exposition. En dépit de l'époque tardive à laquelle
fut prise cette décision, on a réussi cependant à
obtenir que l'Autriche prenne part d'une façon
intéressante à cette exposition, mais cela à vrai
dire sans la collaboration directe du Ministère
Impérial de la Guerre, qui ne voulut pas répondre
à l'invitation qui lui avait été faite.

L'Autriche a obtenu la concession d'un espace considérable dans le groupe XVIII. Les puissantes armes de guerre de la maison S k o d a

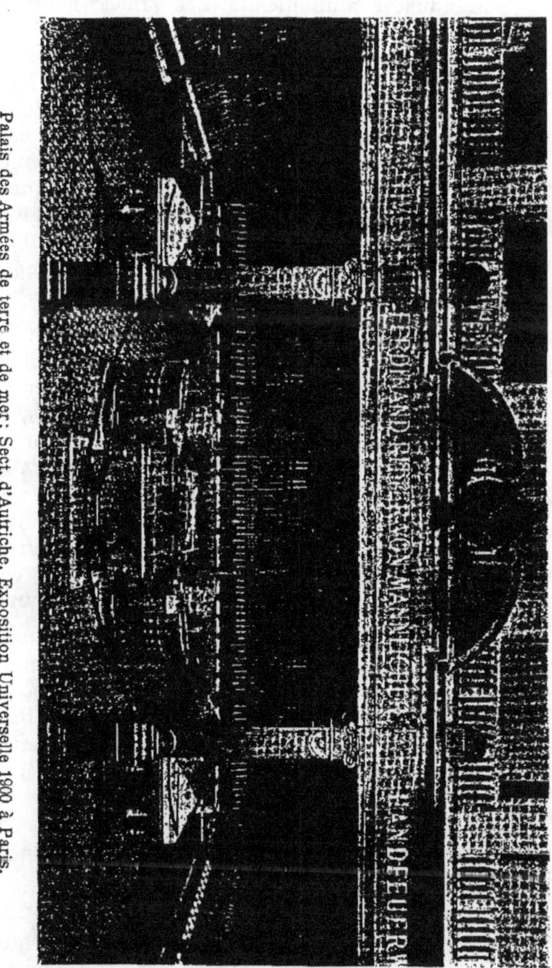

Palais des Armées de terre et de mer; Sect. d'Autriche, Exposition Universelle 1900 à Paris.

de Pilsen y figurent, à côté d'une collection importante d'armes, que le chevalier d e M a n n-l i c h e r, l'inventeur bien connu, s'est chargé de former.

Armes à feu portatives du système Mannlicher, à l'Exposition de Paris.

L'industrie autrichienne des armes militaires portatives qui, depuis la création de l'établissement de Steyr, a pris une place importante ne serait point représentée à l'Exposition de Paris si le Chevalier de Mannlicher, membre de la Chambre des Seigneurs, un des plus éminents constructeurs dans cette spécialité, n'avait pas répondu à l'invitation de la Commission Générale, laquelle lui demandait de combler la lacune dont s'agit et d'assumer, à ses frais, dans le groupe XVIII du Pavillon des Armées de terre et de mer, la représentation de cette grande branche d'industrie.

Dans ce but, on attribua à l'Exposant un intérieur spécial de 103 m² de superficie qui fut brillamment installé et dont M. de Mannlicher sut faire une des attractions les plus intéressantes, les plus instructives et les mieux remplies. Par un portail de grandes dimensions, d'une décoration très riche on pénètre dans cet intérieur élégamment aménagé où nous voyons dressés, contre trois cloisons, les grandes armoires qui, avec les vitrines montées de chaque côté de l'estrade du milieu, contiennent les objets exposés classés en trois groupes.

Le premier groupe, cloison gauche, comprend la partie retrospective. Elle contient les armes à feu portatives en usage dans l'armée jusqu'à l'adoption du fusil à répétition système Mannlicher et le Musée I. R. de l'Armée à Vienne, par le prêt des modèles nécessaires, a fort libéralement rendu possible l'exposition de ce groupe. Les armes dont elle se compose, sont désignées par une inscription portant les mots: Proprieté du Musée J. R. de l'Armée à Vienne.

Le deuxième groupe comprend les armes portatives du système Mannlicher actuellement introduites dans les divers états du monde et qui sont rangées dans une armoire à cinq compartiments occupant toute la paroi du fond. Dans ce groupe nous trouvons les constructions Mannlicher adoptées en Autriche-Hongrie, en Allemagne, en Italie, en France, en Hollande, en Suisse, en Bulgarie, en

Roumanie, en Chine, au Brésil, au Chili, au Pérou,
à Siam ainsi que le nouveau fusil Mannlicher-
Schönauer soumis tout récemment à une commission
d'examen au Portugal, laquelle l'a reconnu comme
étant le meilleur fusil actuellement existant. Le
nombre des types adoptés dans les pays mentionnés
ci-dessus diffère; ainsi par exemple, la Hollande
figure avec six types servant dans l'armée conti-
nentale et coloniale. Chaque type, désigné par son
inscription, comprend 5 fusils sur deux rangs, et
chaque fusil est montré avec ses organes vus à
un temps différent pendant le fonctionnement du
mécanisme.

Le troisième groupe, placé sur la cloison droite
présente une sélection des projets les plus intéressants de Mannlicher. Comme cet inventeur a créé
beaucoup au delà de cent projets différents de
fusils, dont les types les plus importants figurent
à l'Exposition, ce groupe non seulement montre
toute la période de développement des fusils à
répétition en général, mais il offre encore un intérêt
particulier en ce que les plus récentes constructions
de Mannlicher, en fait d'armes à fonctionnement
automatique, y sont représentées. Dans les vitrines
établies sur chaque côté de l'estrade nous voyons
quelques-uns des systèmes, en coupe et d'autres
démontés. Une vitrine contient un groupe de cara-
bines automatiques pour la chasse ainsi qu'une
collection de tous les pistolets automatiques ou
mi-automatiques construits par Mannlicher jusque
dans ces derniers temps.

La table placée sur l'estrade est chargée de
dessins et d'instructions relatives aux fusils.

Les armes comprises dans le deuxième groupe
ont été, pour la plupart, construites et livrées au
commerce en grandes quantités par la »Société autrichienne pour la fabrication d'armes tandis que
les modèles du troisième groupe sortent de l'atelier
d'essai de Mannlicher. L'Exposition fait ainsi
connaître non seulement l'industrie armurière
même, mais montre aussi dans des conditions
brillantes, l'aptitude extraordinairement créatrice de
l'Exposant dont les travaux sont également connus
hors d'Europe.

En outre il se trouve encore dans ce groupe
des forges de campagne système S c h a l l e r et une

collection de pompes à incendie, à vapeur et à
bras de la section speciale pour la fabrication de
brancards de la maison R. Czermack à Teplitz
(Bohême, Autriche); on a mis ces objets dans ce
groupe, à l'exemple de la France, car dans le
groupe IV, on n'a pas pu trouver de place pour
les pompes et appareils contre l'incendie.

Tout à côté du Palais de l'Armée de terre
et de mer, est le Palais de la Navigation de
commerce.

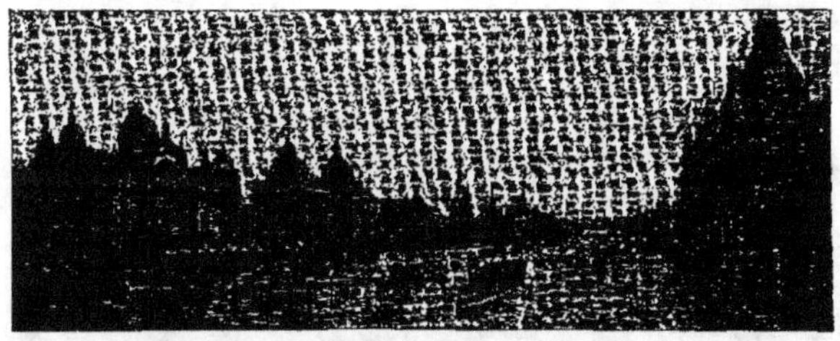

Quai d'Orsay.

Navigation de commerce.

Classe 33. Quai d'Orsay.

L'Autriche n'est pas, il est vrai, au nombre des états qui tiennent une des premières places dans la navigation de commerce; néanmoins, nous avons pensé qu'en prenant part à l'exposition de la classe 33, nous pouvions montrer non-seulement que nous avons une côte, assez courte, il est vrai, et un port de commerce important, celui de Trieste, mais encore que nous possédons une marine de commerce, qui, si elle n'est pas très considérable, n'en est pas moins en mesure de rendre bien des services.

Le Lloyd autrichien, d'accord avec les autorités maritimes, a pris part à l'exposition de la classe 33.

———

Les bâtiments qui contiennent les expositions de la classe 33 sont dans le voisinage immédiat du Champ de Mars, l'emplacement le plus considérable de l'Exposition, que nous abordons maintenant par son coin gauche pour visiter les Palais situés dans l'Avenue de la Bourdonnais.

Mines, Forges, Industrie du fer.

Groupe XI. Champ de Mars. Avenue de la Bourdonnais.

Cette exposition, qui dans son ensemble se présente aujourd'hui fort bien, s'est heurtée au début à l'abstention systématique des industriels qu'elle pouvait intéresser; de hautes personnalités, dont l'opinion faisait autorité, objectaient qu'il était impossible d'obtenir à Paris des succès

Exposition des Usines Skoda.

économiques sur ce terrain, et elles prenaient
et recommandaient une attitude passive. Telle
qu'elle est aujourd'hui, elle n'en offre pas moins
un tableau d'ensemble, où sont excellemment représentées dans toutes les directions, toutes les
branches où donne l'industrie autrichienne. La
production du sel, qui relève du Ministère
des Finances, les Mines, qui dépendent du
Ministère de l'Agriculture, l'industrie de
l'acier (Skoda), la fonderie, la fabrication des outils (Steyr, Waidhofen sur l'Ybbs),
la fabrication des faux et faucilles, etc.
forment la partie autrichienne du groupe XI; le
centre en est occupé par un étambot en acier

L'Empereur Léopold I.
(Exposition de la Ville de Vienne.)

fait à Pilsen pour un navire de guerre allemand de grandes dimensions.

Les usines de S k o d a à Pilsen exposent ici leurs produits d'acier fondu.

Cette industrie devenue fort importante dans cette dernière période décennale, a été développée et augmentée par les dites Usines au point qu'elle peut tenir tête à toute espèce de concurrence étrangère.

L'étambot exposé avec d'autres pieces variées en acier fondu est un fac-simile de la partie de navire livrée pour le »Deutschland« le plus grand des transatlantiques. Il pèse 80.000 kilogr. et a une hauteur de 14 mètres.

L'établissement, le transport et la mise en place de cette pièce, la plus grande de l'Exposition de Paris ont exigé beaucoup de travail, des installations très particulières et ont causé des frais considérables.

Groupe d'Exposants autrichiens.

Industrie textile.

Groupe XIII. Champ de Mars. Avenue de la Bourdonnais.

Le groupe XIII occupe deux grands espaces,
l'un au rez-de-chaussée, l'autre dans la galerie,
sans qu'il y ait entre eux de communication
directe ; pour parvenir à la galerie, qui est au
1er étage, et pour pouvoir visiter la deuxième
partie de l'exposition textile autrichienne, il faut
donc avoir recours à l'escalier ou au chemin-
élévateur d'un état voisin.

7

Vitrine de la Maison Bujatti.

Au rez-de-chaussée se trouvent les expositions collectives magnifiquement installées des Industries de la Soie dont l'organisation est due à M. Théodore Bujatti et du Vêtement, arrangée par Mr. Pierre Habig; ils avaient confié la partie décorative à l'architecte Décsey.

Vitrine de la Maison G. Reichert's Söhne, Vienne, Groupe XIII. Fils-Tissus-Vêtements. Soieries-Autriche. Champ de Mars (Porte Rapp). Représentant: M. L. Bürger, 22, Rue de Vivienne, Paris.

Vitrine de M. J. Heinr. Ita, chapelier de la Cour I.-R.

Entre la cloison qui forme le fond de ces deux expositions collectives et le mur principal qui clôture ce palais, se trouve une exposition collective de M a c h i n e s   p o u r   l'I n d u s t r i e   T e x t i l e, œuvre de M. Gustave J o s e p h y, de Bielitz; c'est la première fois que l'Autriche organise dans une exposition universelle, une exposition de ce genre aussi complète. L'arrangement de cette salle est dû au professeur Nicolas H o f f m a n n, architecte.

Dans la galerie se trouvent les expositions collectives de l'Industrie autrichienne du Coton, de l'Industrie de la Laine en Moravie-Silésie et en Bohême; enfin de l'Industrie autrichienne de la Toile; toutes d'ailleurs installées et décorées d'après les plans de l'architecte en chef, M. B a u - m a n n.

Vitrine de la maison Michael Hutterstrasser.
(Fleurs artificielles et parures.)

L'Industrie autrichienne de la toile est une exposition collective dans le sens le plus précis du mot; le traitement des matières premières et le produit final ont pu, grâce au concours d'un grand nombre d'industriels de Bohême, de Moravie et de Silésie, y être présentés de manièrc à ce qu'ils forment un ensemble. L'honneur de l'organisation de cette exposition revient en première ligne à M. Robert S i e g l de Mährisch-Schönberg.

Agriculture et Industrie de l'Alimentation.

Groupe VII, X. Champ de Mars.

L'exposition d'Agriculture et d'Industrie alimentaire se trouve dans l'ancienne Galerie des Machines de 1889, que l'on a conservée en y arrangeant en même temps une Salle des Fêtes. La section autrichienne y occupe un vaste espace carré au rez-de-chaussée. Les Comités spéciaux pour l'Agriculture, l'Horticulture et les Forêts, créés par le Ministère I. R. de l'Agriculture, ont organisé avec

Exposition de la Brasserie coopérative de Pilsen.

le concours de deux autres comités analogues de Prague et de Lemberg, une exposition collective; elle comprend toutes les branches de l'agriculture, spécialement:

L'exploitation dans les systèmes de grande, de moyenne et de petite propriété, illustrée par des exemples typiques, la culture des diverses plantes; en particulier de l'orge du houblon, la viticulture, les établissements d'enseignement et laboratoires agricoles, etc. Cette exposition sera complétée par la participation de l'Autriche aux expositions temporaires de bestiaux et de chevaux.

Dans le même espace sont aussi les expositions collectives des Industries autrichiennes du Sucre, du Malt et des Liqueurs. Il s'y rattache des expositions particulières de Brasseries et de diverses branches de l'Industrie alimentaire.

La direction des affaires relatives à ce groupe revenait au prince Charles Auersperg en sa qualité de Président du Comité spécial de Vienne; M. le Directeur Ebert l'assistait comme rapporteur.

Pavillon Siemens & Halske.

Machines; Electro-technique.

**Groupe IV et V. Champ de Mars, à proximité de la
Salle des Fêtes.**

L'évènement a montré que la réunion des groupes
IV et V qui, ainsi d'ailleurs que celle des groupes
I et III, VII et X, XII et XV, a eu lieu dans
l'intérêt des états étrangers, sur la proposition
des Commissaires Généraux allemand, russe et
autrichien, était une mesure très pratique : dans
bien des cas en effet, elle met devant les yeux
du visiteur la coopération de la machine à vapeur
et du dynamo. Les deux comités spéciaux, dirigés
par M.M. Joseph Bromowsky à Prague et
Richard Fellinger à Vienne, ont aussi suivi une
marche parallèle dans la préparation de cette exposition. L'exécution avait été confiée à l'ingénieur
en chef M. Pfaff et la décoration au professeur
Nicolas Hoffmann, architecte. Le professeur
Charles Schlenk, inspecteur, a contribué à l'organisation de la section électro-technique.

Les groupes autrichiens IV et V sont au
rez-de-chaussée et dans la galerie. Il était nécessaire de placer au rez-de-chaussée les puissants
moteurs avec leurs dynamos et d'autres objets
d'un poids considérable, qui nécessitaient la construction de fondations. Deux des plus grandes
machines ont la mission de pourvoir au service
électrique général de l'exposition ; ce sont : la
machine à vapeur de 1600 HP de la maison
François Ringhoffer de Prague, et la machine
compound de 1000 HP avec régulateur et détentes

à soupapes, brevet Lentz, de la Première Société de fabrication de Machines de Brünn. En outre de ces deux machines, une série de remarquables locomobiles avec des dynamos, des machines-outils, etc. est encore exposée. A côté des dynamos joints aux machines à vapeur et des autres appareils à courant intensif, l'Exposition collective électro-technique contient aussi quelques exemples remarquables des résultats obtenus dans la technique des courants faibles.

On peut affirmer, sans s'exposer au danger d'être contredit, que, dans toutes ses branches, le domaine des Machines et de l'Electro-technique est représenté suffisamment au point de vue de la quantité et brillamment au point de vue de la qualité.

Les appareils mécaniques et électro-techniques se rattachant au chemin de fer, doivent, être cherchés dans le Groupe VI du Champ de Mars ou à Vincennes.

Galerie des Machines.

Fabriques réunies de Téléphones et de Télégraphes, C z e i j a, N i s s l & C i e., Vienne.

Cette maison, très importante dans le domaine de la Téléphonie et de la Télégraphie, a pris une part proéminente à l'Exposition.

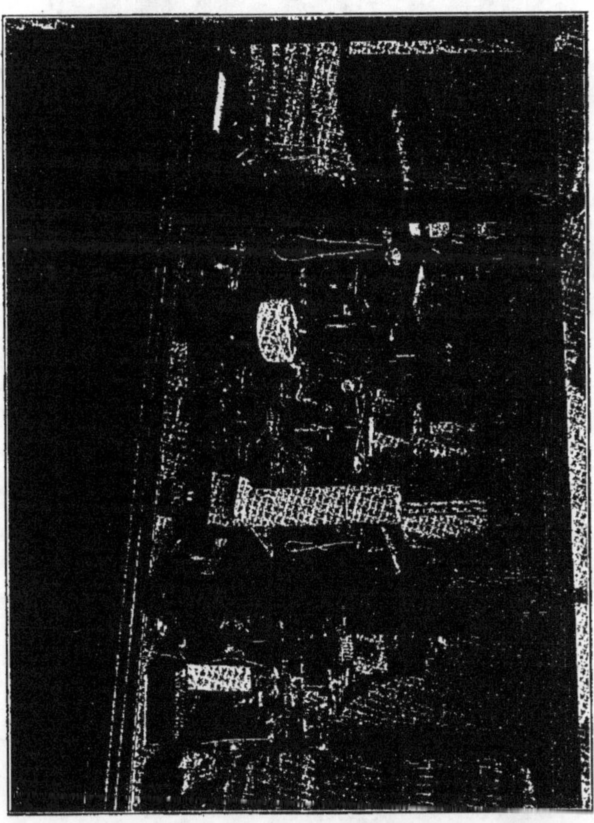

Les constructions variées des appareils téléphoniques et télégraphiques démontrent l'essor rapide et considérable de cette industrie dans les dernières années.

Les instruments qui servent aux signaux électriques, notamment ceux qui sont utilisés pour l'exploitation des chemins de fer, se sont également développés et la maison expose aussi de nombreux appareils rentrant dans cette branche.

Fournisseur de la Cour Impériale et Royale.
Première Fabrique Austro-Hongroise de Câbles et
Fils isolés pour toutes applications électriques, de
Franz Tobisch à Vienne.

Champ de Mars.

Industrie Chimique.

Groupe XIV. Champ de Mars. Avenue de Suffren.

Ce groupe comprend trois branches de l'industrie autrichienne qui ont trouvé dans des expositions collectives une expression digne d'elles. Une grande salle est mise à leur disposition dans la Galerie du Palais de l'Industrie chimique : cette salle est aménagée de manière à ne former qu'un seul tout; néanmoins elle est divisée en trois parties, qui comprennent: l'exposition de la Grande Industrie chimique (Othon Seybel, directeur), l'Industrie du Papier, y compris les articles de papier (le chevalier Jules de Kink, directeur) et l'Industrie du Cuir (Hermann Gerhardus, directeur). L'installation et l'ornementation sont de l'architecte Baumann par la maison Portois & Fix.

L'exposition du Papier se divise à son tour en plusieurs sections qui montrent la fabrication du papier dans le sens le plus précis du mot, l'industrie de la cellulose, et la confection des articles en papier avec ses produits.

Génie civil.

Groupe VI. Champ de Mars, Avenue de Suffren et Bois de Vincennes.

Dans le magnifique palais du Champ de Mars consacré au Génie civil, qui est situé sur l'Avenue de Suffren, l'Autriche occupe une grande salle de rez-de-chaussée et en outre, dans la galerie, un emplacement qui a dans sa disposition la forme d'un T.

Au rez-de-chaussée se trouve l'exposition rétrospective des chemins de fer, organisée par le Ministère des chemins de fer avec le concours des Chemins de fer autrichiens privés. Tout à côté est l'exposition des véhicules de luxe et des Automobiles.

Voiture No. 24.000 de la Maison Jacob Lohner & Co., Carrossiers de la Cour Imp. et Roy., Fabrique de Voitures et d'Automobiles. 1 Electromobile, Système Lohner-Porsete. 2 Electromoteurs à 2·5 PS. de travail normal (pouvant être poussé jusqu'à 7 PS. Suppression de toute transmission, donc point de force perdue. Mise en marche et gouvernail actionnés directement par la roue de devant.

En outre ce groupe contient l'exposition de la Commission Viennoise des voies de communication, de la Commission de régularisation du Danube, de la Ville de Vienne, de la Société des Ingénieurs et Architectes autrichiens, etc.

La Ville de Vienne présente dans son Exposition spéciale un tableau d'ensemble des travaux qu'elle a accomplis dans le domaine du Génie civil urbain. L'œuvre de construction dans tous les terrains rattachés à la Ville, et les travaux d'alignement sont représentés dans un plan d'ensemble, qui contient aussi l'indication des zones distinguées au point de vue des diverses sortes de constructions (quartier de maisons d'habitation, quartier de fabriques, quartier de villas etc.), ainsi qu'un plan du Karlsplatz, après les travaux d'alignement.

Les Travaux de voirie sont représentés par un plan d'ensemble du réseau des rues, avec l'indication des diverses sortes de pavés et plusieurs plans de détail avec des coupes transversales des principales rues (Ringstrasse, Gürtelstrasse, Wienzeile).

Les Tramways sont représentés par un plan d'ensemble du réseau actuel et du réseau futur urbain comme aussi par des plans de détail relatifs à la transformation en lignes électriques des lignes »Ringstrasse« et »Mariahilferstrasse«.

Les Egouts sont figurés par un plan d'ensemble du réseau des égouts urbains, comme aussi par des plans de détail de bouches, de cuvettes et de déversoirs.

Les Travaux d'arrosage, balayage et l'évacuation des immondices sont représentés par des reproductions photographiques des balayeuses, balayeuses pour neige, voitures d'arrosage, tonneaux d'arrosage avec tuyaux, ainsi que des dépôts d'épandage.

Les Travaux grandioses exécutés pour amener l'eau des sources de montagnes, qui portent le nom de l'empereur François Joseph (Kaiser Franz Josef-Hochquellenleitung) sont représentés par une carte d'ensemble du territoire où la Ville puise son eau et un plan du réseau des tuyaux de conduite; en outre par une série d'aquarelles de R. Alt, qui représentent les principaux barrages, aqueducs, etc.

Les Ponts de la Ville de Vienne sont
exposés sous la forme de vues photographiques
des nouveaux ponts sur le Canal du Danube et
la Vienne.

L'Usine à gaz municipale a envoyé
un plan d'ensemble de son exploitation et plusieurs
photographies en couleur de la construction des
gazomètres et des fours.

Cette exposition est l'œuvre du bureau
d'études de l'Office des Travaux urbains (Conseiller Sykora).

Une annexe de cette exposition se trouve au
Bois de Vincennes; elle comprend une exposition collective de toutes les fabriques autrichiennes de locomotives
et de wagons, et dans un emplacement spécial
une exposition des systèmes de revêtement des
voies ainsi que de tous les appareils et dispositifs
se rapportant à l'exploitation. Toutes ont été
organisées sous le protectorat du Ministère I. R.
des Chemins de fer. Entre tous les fonctionnaires
de ce ministère, le plus grand honneur de cette
exposition revient au chef de division chevalier
de Pichler. A la tête du Comité des Chemins
de fer privés était le Conseiller aulique chevalier
de Grimburg, Directeur de la Compagnie des
Chemins de fer de l'Etat austro-hongrois.

L'installation du Groupe VI au Champ de
Mars a été confiée aux soins de M. le Conseiller
supérieur, architecte Othon Wagner. L'installation
à Vincennes a été l'œuvre de M. Rank Conseiller
au Ministère des Chemins de fer.

Enseignement. Instruments des Arts et des Sciences.

Dans une salle du rez-de-chaussée du palais qui est consacré à ce groupe, sont réunies, installées d'après le plan de M. B a u m a n n: l'Exposition collective de la Photographie (le chevalier Philippe de S c h ö l l e r, directeur); l'Exposition collective des Industries polygraphiques (M. Frédéric J a s p e r, directeur). C'est là que se trouvent aussi l'Exposition de l'I m p r i m e r i e I. R. de la C o u r et de l'E t a t et de l'E c o l e - L a b o r a t o i r e g r a p h i q u e I. R. de V i e n n e. Attenantes à cette exposition se trouvent d'un côté l'Exposition collective des I n s t r u m e n t s de m u s i q u e (M. Frédéric E h r b a r, rapporteur du Commissariat général), et de l'autre côté l'Exposition collective des I n s t r u m e n t s s c i e n t i - f i q u e s (M. Charles R e i c h e r t, directeur). Tout à côté est l'Exposition du M u s é e I n d u s t r i e l T e c h n o l o g i q u e I. R.

Le Château Tyrolien.

Le Château Tyrolien du Champ de Mars.
A côté de la tour Eiffel, en aval.

Les Comités spéciaux du Tyrol du Nord et du Tyrol du Sud, réunis à Innsbruck et à Bozen, sont tombés d'accord pour édifier une maison tyrolienne; elle a été construite sur le modèle des petits châteaux de la vallée d'Eppan d'après les plans du conseiller Deininger. Elle est tout à côté de la tour Eiffel et sa façade est tournée vers la Seine.

Elle contient au rez-de-chaussée une salle dite »Torgelhalle«; dans les autres pièces du rez-de-chaussée, on peut déguster les produits nationaux du Tyrol du Sud: Vins, fruits frais et fruits secs, fromage, saucisson (salami), etc.

A l'étage supérieur, le Ministère I. R. de l'Instruction publique a exposé des reproductions de la »Chambre des Princes« du château de Velthurns (Style Renaissance), et d'une salle du château de Reiffenstein (style gothique). Ces deux Intérieurs ont été exécutés dans les ateliers des écoles pro-

Château de Velthurns.

fessionnelles spéciales des provinces alpestres de l'Autriche.

Les Comités tyroliens ont encore utilisé cet édifice pour y loger des produits de l'industrie du Tyrol qui se rattacheraient à des groupes divers; tels sont par exemple le b o i s d é c o u p é de G r ö d e n, les productions de l'art industriel d'Ampezzo, des peintures sur verre, etc.

Le peintre tyrolien Toni G r u b h o f e r a pris une part éminente à l'installation artistique de ce château.

Forêts, Commerce et Industrie du bois.
Groupe IX. Quai d'Orsay.

Le comité spécial de ce groupe est arrivé à donner, d'après un programme systématique, une vue d'ensemble de la silviculture autrichienne, du rôle commercial de ses produits et de leur application dans l'industrie nationale. L'Administration nationale des Forêts a pris une part éminente à cette exposition.

Le bureau du Comité spécial se compose du président M. le conseiller Horny, du vice-président M. le baron Popper de Podragy et du rapporteur M. Ottokar Popper.

Façade.

F. Schönthaler & Söhne, Fournisseurs
de la Cour Imp.-Roy., Ebénisterie d'Art, Meubles,
Décoration. Vienne, IV. Alleegasse 39.

Pavillon de Chasse. Prix complet 15.000 Francs.

Intérieur.

Colonies.

Groupe XVII. Palais du Trocadéro.

L'Autriche, il est vrai, n'a pas de colonies, mais l'exportation dans d'autres états et dans leurs c o l o n i e s, joue un rôle considérable dans l'industrie autrichienne, et, à ce titre, on a pu obtenir un petit espace dans l'exposition de l'I n d u s t r i e d'E x p o r t a t i o n. Grâce aux bons soins de l'ancien Vice-directeur du Musée I. R. autrichien de Commerce, M. le Directeur B ö h m, on est arrivé à donner un aperçu général assez complet de toutes les entreprises industrielles autrichiennes qui ont pour but l'exportation.

Economie Sociale.

Groupe XVI. Palais du Congrès, sur la rive droite.

On a réuni dans une petite salle des exposés graphiques et des articles relatifs aux phénomènes sociaux-économiques. Par contre, tout ce qui se rattache aux classes 74, 111, 112, C h a u f f a g e, V e n t i l a t i o n, H y g i è n e p u b l i q u e et p r i v é e, que les Français ont rattachées à ce groupe, se trouve dans la Galerie de la Salle d'agriculture au Champ de Mars. Le chevalier de G r u b e r, Conseiller supérieur et le professeur de P h i l i p p o v i c h sont à la tête d'une grande commission qui complètera l'exposition du groupe XVI en éditant une œuvre spéciale relative à l'Economie politique de l'Autriche.

Ce groupe a été considérablement enrichi par un objet exposé à V i n c e n n e s et dû à la générosité de M. Arthur K r u p p: c'est la reproduction fidèle de l'A s i l e p o u r o u v r i e r s c o nv a l e s c e n t s que ce grand industriel, qui s'est signalé par ses nombreuses œuvres de bienfaisance, a fait construire à Maria Zell en Styrie.

Horticulture.

Groupe VIII. Rive droite.

Les productions de l'horticulture sont mises en relief par une exposition permanente et une exposition temporaire de plantes d'agrément, de fleurs et de fruits.

Le Pavillon de la Lumière.

Les Jardins I. R. de Schönbrunn,
les jardins du prince Liechtenstein, ceux du
comte Jean Harrach, du baron Nathaniel de Roth-
schild sont représentés dans cette exposition. Les
directeurs de jardins, tels que M. Umlauft,
directeur des jardins de la cour impériale, le
directeur Lauche d'Eisgrub, le directeur
Schuster etc. ont assumé la tâche difficile de
pourvoir à l'exposition de ce groupe, dont le chef
de division, M. Herz, a dirigé les affaires. Le
Directeur Lauche, qui dans ces circonstances a
joué un rôle particulièrement méritoire, a aussi
donné l'idée et pris l'initiative de montrer à
Vincennes, par un exemple typique, ce qu'est un
jardin scolaire en Autriche.

Vieux Paris.

LA MAISON G. TOPHAM

VIENNE-FAVORITEN --

FONDÉE EN 1853. - - - -

dont les machines spéciales pour travailler les bois sont bien connues des gens du métier même au dehors de l'Autriche-Hongrie, est représentée à l'Exposition dans la partie forestière par un agencement complet de scierie mécanique.

Cette exploitation doit être considérée comme type des nombreux agencements de ce genre exécutés par cette maison.

Afin de rendre les détails plus voyants, celle-ci à été exécutée a l'échelle de 1 : 10 de telle façon qu'elle puisse être montrée en tout temps en exploitation aux personnes du métier.

Cette exploitation étant en outre d'un secours inestimable pour le progrès dans les hautes écoles forestières, la maison G. Topham est prête à vendre cette exploitation une fois l'exposition terminée.

L'agencement de cette exploitation se compose des machines nommées ci-après: Le plan complet des machines à vapeur et chaudières, à cette dernière est adapté un chauffage à grilles en escalier pour la sciure. Dans le Hall aux scieries, sont quatre scies à poteau avec avance à cylindre, de construction la plus moderne. Ou're cela il y a encore une double scie circulaire avec avance automatique pour coins et lattes, comme aussi deux scies circulaires simples.

Afin d'arriver à une exploitation plus économique de la demi-fabrication, la maison expose également une machine à raboter avec avance cylindrique et couteaux-nettoyeurs fixes pour la production en masse des planches pour cales de navires.

Les exploitations de ce genre etant ordinairement placées dans les forêts loin des fabriques de machines, un atelier spécial pour les réparations a été prévu pour cela, lequel par l'agencement de machines auxiliaires, est à même d'exécuter toutes les réparations nécessaires.

Il est tout naturel que celle-ci possède aussi toutes les machines nécessaires à l'affûtage des scies, lames de rabot, outils et à l'entretien de pareilles exploitations.

Les plans et matériaux nécessaires à l'agencement de pareilles exploitations, sont à la demande du commettant exécutées par le conseiller technique pour constructions de la maison, sous la direction duquel n'importe quel charpentier ou maçon est à même d'exécuter une telle construction.

Outre ces machines spéciales, la maison construit encore des machines à vapeur brevetées avec distributions à tiroir et soupape, transmissions avec ou sans anneau à graisse, presses hydrauliques et à friction, cette dernière pour la fabrication des capsules ou manteaux de projectiles, cela d'une façon et d'une exécution les plus perfectionnées.

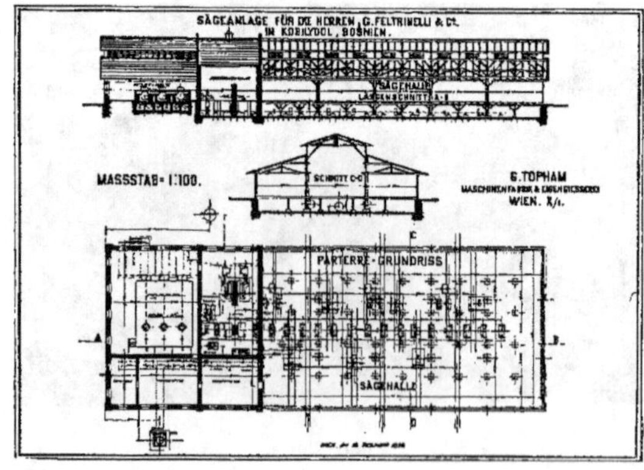

117

Usine viennoise
de la Société par actions Siemens & Halske.

Dans le grand hall réservé aux machines et constructions mécaniques, et à l'électro-technique, le visiteur, en y entrant, remarque d'une façon toute spéciale l'exposition considérable de la **Société par actions Siemens & Halske,** de Vienne (Autriche) laquelle est en trois groupes représentée à plusieurs places à l'Exposition Universelle. Sous la rubrique groupe 4, »Construction de machines« se trouve en deux places séparément et accouplé directement avec les machines à vapeur, le grand générateur à courant continu de 1600 chevaux, une des machines dynamo-électriques qui procurent la lumière à l'Exposition Universelle, et un générateur à courant rotatoire de 170 chevaux de moderne construction avec excitation automatique du champ magnétique. Pour faire suite à cela la Société expose dans le groupe V sous la rubrique »Electro-technique« sur une étendue de 130 m², une collection de machines dynamo-électriques et moteurs les plus nouveaux pour courant continu, courant alternatif et courant rotatoire, une locomotive électrique pour mines, wagons d'éclairage pour des buts militaires, dynamos de turbines à vapeur, machines à percer moteurs pour wagons. tableaux de distribution les plus nouveaux; et par dessus tout une exploitation complètement couverte, pour 500 KW laquelle sert à démontrer la transformation rotative du courant rotatoire en courant continu comme cela existe dans les nouvelles exploitations de chemins de fer électriques exécutées par la **Société Siemens & Halske.** L'éclairage est produit par un double dynamo qui, d'un côté change un courant de 2×220 volts à 3 conducteurs en courant de 4×110 volts à 5 conducteurs; et qui aussi, d'un autre côté, sert de machine compensatrice. La mise en circuit employée ici (enveloppements coupés du courant continu) est nouvelle, et patentée dans tous les pays.

Fabrique de câbles à Floridsdorf près Vienne
de la Société par actions Siemens & Halske.

Par contre dans la galerie appartenant encore au groupe V **Siemens & Halske** montrent tout un matériel pour les installations, tels que tableaux de distribution, commutateurs, permutateurs, et lampes à incandescence de construction toute nouvelle; ainsi qu'un régulateur pour scènes, en service, et un signal de nuit (système Sellner) pour les besoins maritimes, lequel est patenté dans tous les pays.

Dans la section des chemins de fer (à Vincennes) la **Société Siemens & Halske** expose dans le pavillon du Ministère Im. Roy. des Chemins de fer les appareils si répandus et si connus sur le continent pour l'emploi des blocques signaux et la sûreté des voyageurs sur les chemins de fer, et démontre ici en connexion et en exploitation, partiellement avec l'exploitation sur rails représentée par le modèle, et partiellement avec les exploitation sur rails existantes du Ministère Imp. Roy. des Chemins de fer Autrichiens, le bon fonctionnement du mécanisme électrique, et du système proprement électrique si répandu et créé en son temps, tant en Autriche qu'en Allemagne, par la **Société Siemens & Halske.**

Le tableau ci-dessus représente une partie des ateliers de Vienne et l'autre la fabrique de câbles appartenant à la **Société par actions Siemens & Halske** si connue dans le monde entier.

Société Anonyme = = =
d'Electricité Anc^{ne.} = =
Maison KOLBEN & CIE.
Prague, Visočan (Bohême).

Une des maisons de la plus haute importance
pour la construction moderne en Autriche, de dynamos
électriques, machines et moteurs. La maison a par
exception exposé dans la section belge, et de compagnie
avec la grande fabrique de machines à vapeur de MM.
CAREL FRÈRES; une machine dynamo à vapeur à courant rotatoire de la force de 1000 chevaux qui donne
l'énergie électrique a tout le réseau de force de l'Exposition. — La Société Anonyme d'Electricité dont la fabrique
à Prague appartient à la catégorie des établissements
électro-techniques dont l'agencement répond au temps
moderne, construit de préférence de grandes stations
centrales de machines, principalement pour la répartition
de force électrique; et s'occupe de la fabrication et de
la combinaison de machines-outils en tous genres tels
que: Pompes centrifuges, ventilateurs avec électro-moteurs.
Principalement aussi de la fabrication d'appareils élé-
vateurs mûs par l'électricité, tels que: Grues machines
d'extraction, ascenseurs, et montes-charges.

M. GRAB FILS =
Lieben près Prague
(Bohême). = = =

Une curiosité de premier rang est l'Exposition de la Maison M. GRAB FILS, dont la fabrique se trouve à Lieben près de Prague en Bohême et laquelle a des magasins de vente à PRAGUE, VIENNE et BUDAPESTH.

L'Exposition de cette maison présente un arrangement élégant de ses différents articles tels que: toile-cuir, toile cirée, imitation de toile et articles en tous genres pour recouvrir les parquets. L'importance de la maison ressort de l'exportation considérable qu'elle fait en Suisse, dans l'Amérique du Sud, en Russie et dans tout l'Orient. Outre les articles de cette exposition, nous signalerons à l'attention la collection d'échantillons qu'on trouvera au Trocadéro.

SÉCURITÉ DANS
L'EMPLOI D'UN =
DENTIFRICE. = =

Pour éviter toute lésion de l'émail des dents et pour empêcher que des substances nuisibles telles que le manganate de potasse qui est très souvent contenu dans les eaux dentifrices, ne nuisent à la muqueuse si délicate de la bouche ou ne soient avalées en se rinçant la bouche, le seul moyen est d'employer un dentifrice aromatique exempt de toutes ces substances. La crème dentifrice dite KALODONT SARG offre cette sécurité. Le choix d'un dentifrice qui soit en même temps un désinfectant contre les microbes qui se développent continuellement dans la bouche, n'est pas des plus faciles. C'est pour cela que, sur ce terrain si exploité, l'on ne pourra jamais assez recommander l'emploi du KALODONT qui depuis son invention (il y a une dizaine d'années) a fait brillamment ses preuves dans tous les pays civilisés.

La Société par Actions R. PH. WAAGNER, possède quatre établissements:

a) La fonderie et ateliers pour la construction des ponts, et pour la tôle émaillée à Vienne XII.

b) Les ateliers pour la construction des ponts, et chaudronnerie à Graz (Autriche).

c) Les dépôts et bureaux de Vienne V. Margarethenstrasse 70.

d) Une succursale pour la vente, à Budapest (Hongrie) Theresienring 19.

La Société occupe environ 140 ingénieurs ou employés techniques et autres et 1500 ouvriers.

Son capital est de 6,500.000 couronnes.

Les objets exposés se composent du modèle en miniature de l'église en fer construite pour Constantinople par la société en 1894—1897. Une collection de pièces de fonte ayant servi à l'ornementation et un baldaquin en fer forgé.

Les albums donnent une idée de la capacité productrice et des différents genres dont s'occupe la société, tels que: Construction de ponts et constructions gigantesques en fer ainsi que toutes fontes décoratives et autres.

FABRIQUE DE CELLULOSE (PÂTE DE BOIS) ET PAPIER D'EMBALLAGE DE LA = = KELLNER-PARTINGTON = PAPER PULP COMPANY LIMITED. A HALLEIN PRÈS SALZBOURG (AUTRICHE). =

Cette fabrique, de vaste étendue, fait partie de la Société par actions, Kellner-Partington Paper Pulp company dont le siege est à Manchester, laquelle possède et a sous sa surveillance des fabriques en Autriche, Norwège, Angleterre et au Canada. Dans ces divers établissements, on produit par jour 140 tonnes de cellulose sèche et 100 tonnes de papier.

Ces fabriques ont été créées et sont sous la direction personnelle de M. Eduard Partington à Glossop, grand industriel renommé, auquel on a donné, de l'autre côté du Canal, le nom de »Paper King« (roi du Papier), et sous celle de M. le Dr. Carl Kellner à Vienne qui a construit l'usine de Hallein.

Mess. Partington et Kellner ont été les fondateurs de la société anglaise et pendant que M. Partington est un des pionniers de la fabrication de la cellulose au sulfite, et du papier produit avec cette matière, M. le Dr. Kellner, en inventant le système de bouilleurs connu comme »procédé Ritter Kellner« s'est fait un nom qui est non seulement répandu dans la branche de cette industrie en Autriche mais aussi dans toute l'Europe et dans l'Amérique.

La fabrique de Hallein fournit annuellement 12.000 tonnes de cellulose blanchie qui se distingue par sa belle couleur et par sa fibre tenace, et qui sous ce rapport n'est égalée que par fort peu de produits d'autres provenances. Le blanchissage, au moyen d'un liquide obtenu par électrolyse, est le seul qui, pratiqué sur une échelle considérable, ait véritablement réussi. L'avantage qu'offre ce mode de blanchissage tient à ce que son emploi donne un blanc remarquable sans aucunement altérer la fibre.

Les usines de Hallein comprennent aussi une fabrique de papier dans laquelle ou produit du papier d'emballage satiné et non satiné en feuilles et en rouleaux, qui se distingue par sa grande résistance et par sa souplesse.

La Société possède, en outre, une fabrique à Borregaard près Sarpsborg en Norwège, qui est la plus importante de toutes les fabriques scandinaves, en ce qu'elle produit annuellement 25.000 tonnes de cellulose brute et de cellulose blanchie par électrolyse et 6000 tonnes de papier d'emballage. De plus, la Société est propriétaire de la fabrique de cellulose et de papier à Barron-Furness, en Angleterre, qui fournit par an 8000 tonnes de papier fin à écrire et de papier pour l'impression.

M. Partington dirige et surveille aussi les fabriques de Glossop, Broughton et Ramsbottom (Angleterre) ainsi que la fabrique de cellulose nouvellement outillée du Canada, qui vient d'etre ouverte et qui fournira aux marchés du monde entier annuellement encore 12.000 tonnes de cellulose au bi-sulfite, de première qualité.

Ces chiffres démontrent l'importance de la Kellner-Partington Paper Pulp company Limited.

G. REICHERT'S SÖHNE

Fabrique I.-R. de Soieries

et de velours = = = = =

issue de l'ancienne maison F. Reichert's Söhne établie en 1828 et dissoute le 31 janvier 1899.

G. Reichert's Söhne sont les propriétaires de la maison mère F. Reichert's Söhne à Vienne, VII. Schottenfeldgasse 27. Leur fabrique, située à Mährisch-Trübau est un établissement créé en 1889, par conséquent pourvu de l'outillage le plus moderne.

G. Reichert's Söhne qui en ont fait l'acquisition en 1899, l'ont considérablement agrandi et réorganisé. Ils lui ont annexé une cité spéciale qui fournit à la majorité du personnel des logements salubres, gratuits. La maison entretient de plus une grande fabrique en Bohême et une plus petite en Moravie ou l'on produit exclusivement du velours de Lyon (velours au fer).

Nous appelons l'attention sur l'exposition de cette maison, dans le groupe XIII ou figurent toutes sortes de Soieries et les velours de Vienne généralement connus.

HAUSER & SOBOTKA
WIEN, II. GREDLERGASSE 10.
MÜNCHEN, PRIELMAYERSTRASSE 8.
ZÜRICH, BAHNHOFPLATZ 3.
ERSTE WIENER EXPORT MALZ-FABRIK STADLAU
ERSTE HANNA EXPORT MALZ-FABRIK MORIC
Paris Exposition 1900 : Groupe VII Exposition Collective au Champ de Mars, Groupe XVII Exposition Coloniale au Palais du Trocadéro.

L'Exposision Collective de l'Industrie sucrière autrichienne à Paris 1900.

L'Exposition collective de l'Industrie sucrière autrichienne diffère essentiellement de la plupart des autres expositions, car elle doit son existence non pas à des motifs commerciaux mais à des considérations purement patriotiques. Elle porte, en conséquence, le cachet simplement représentatif et est destinée à montrer à quel développement cette industrie, partie d'un début si modeste, est parvenue aujourd'hui. Pour l'organisation de l'Exposition, le Ministère I.-R. du Commerce avait institué une Commission spéciale dont firent partie le Baron Stummer de Tavarnok, président et M. Edmond Kutschera, Secrétaire Général et Rapporteur.

L'Exposition est placée dans le Palais de l'Agriculture. Au centre se trouve, sous une coupole, un groupe monumental du Prof. Joh. Benk de Vienne, symbolisant l'industrie sucrière. Autour du groupe sont logées les quatre vitrines contenant les objets exposés. La première vitrine est attribuée à la betterave et à ses insectes ennemis. Dans la seconde se voit la fabrication du sucre brut, dont on peut suivre toutes les phases, avec les produits tels qu'ils apparaissent au début, à la fin et dans l'intervalle des opérations et tels qu'ils sont obtenus dans les fabriques de l'Autriche. La troisième vitrine contient une collection de tous les raffinés destinés à la consommation intérieure et à l'exportation. La quatrième vitrine renferme des spécimens complets des résidus de fabrication. Sur deux tables, raccordées avec les vitrines, figurent l'Exposition du laboratoire chimico-technique de l'Association centrale de Vienne ainsi que l'Exposition rétrospective. Les modèles et photographies qu'on remarque dans cette dernière, appartiennent au Musée de l'Industrie sucrière annexé à l'Ecole Supérieure technique de Prague.

La cloison qui clôture l'Exposition est attribuée à la statistique et à l'organisation dont les éléments ont été rassemblés par la direction de l'Union Centrale. Les diagrammes montrent sous une forme très claire 1º le développement de l'Industrie sucrière durant la seconde moitie du XIXe Siecle; 2º les progrès techniques durant les dernières quarante années, 3º la récolte de la Betterave et le rendement en sucre dans les dernières dix années; 4º l'exportation classée selon les sortes et les destinations avec les valeurs des produits exportés et 5º l'importance de l'Industrie sucrière autrichienne comparée à celle de l'Univers entier.

Un grand tableau mural fait connaître le siège des principales sociétés et entreprises sucrières, leur but, leurs fonctionnaires principaux, leurs capitaux et la liste des fabriques autrichiennes participant à l'Exposition collective. Par ce tableau, le public pourra se rendre compte de l'organisation de la plus importante des branches de l'Industrie agricole de l'Autriche.

Guide des Sections Autrichiennes.

Table des Matières.

Supplément = ❋

❋ Publicité

INDEX DES ANNONCES.

G. TOPHAM

Ateliers de construction pour machines, et fonderie de fer.

VIENNE.

Fondée en 1853.

La fabrique a comme spécialité, depuis de nombreuses années, la fabrication de scies et machines pour travailler les bois et peut justement se flatter d'avoir créé avec ses scies à plusieurs lames, un nouveau type souvent contrefait par la concurrence et apporté sur le marché avec la désignation système Topham. Les ateliers construisent en outre des machines à vapeur avec soupapes et accouplements avec détente à soupape brevetés, pressoirs à fuseaux et presses excentriques, presses hydrauliques jusqu'à concurrence de 2 millions de kilos (pression totale) et toutes les pompes nécessaires à ceux-ci (jusqu'à 600 atmosphères) ainsi que transmissions avec ou sans lubrificateur à anneau, et fonte pour machines, principalement les roues formées à la machine.

GEBRÜDER BRÜNNER

= VIENNE (Autriche) =
VI. Magdalenenstrasse 10ª
X. Eugengasse 57.

Fabrique Imp.-Roy. priv. d'objets pour
= l'éclairage au pétrole et à l'électricité. =

Fabrication de: LUSTRES, LAMPES A
PIED, LANTERNES, APPLIQUES.

Dépôts: LYON, VARSOVIE,
PRAGUE, BUDAPESTH.

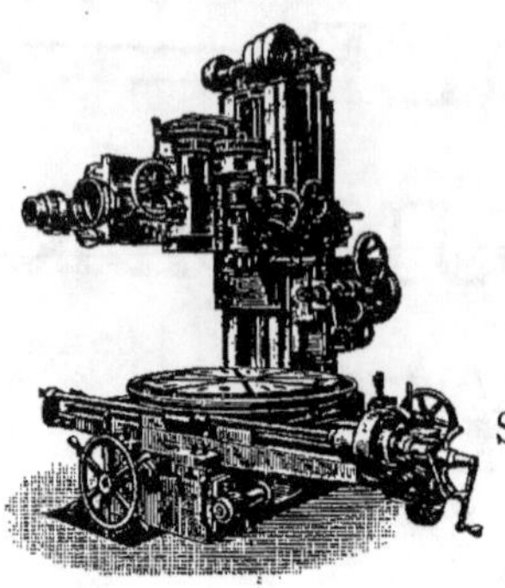

Vulcain

Fabrique de Machines.
Société par Actions au
capital de 4.000.000 de
couronnes.

VIENNE (AUTRICHE) XVI. Spécialités: Machines-outils.

La plus ancienne et la plus grande fabrique de machines
en Autriche.

Tours à support en toutes grandeurs; tours en l'air; machines
à faire les vis, les pointes façonnées, etc (tours à support-
revolver). Machines à raboter, à limer, à mortaiser; scies à fer
pour couper à froid les rails, barres, etc; scies à fer pour
couper à chaud; cisailles; machines à cintrer; machines à
dresser; machines à poinçonner; machines à travailler les vis,
boulons et écrous; marteaux à vapeur; marteaux-pilons à air
comprimé; machines à affûter; machines à travailler les tubes;
presses hydrauliques; grues électriques; machines à essayer les
matériaux; machines à former les roues; outils de précision;
machines à travailler le bois et la pierre.

Machines spéciales pour articles en masses; pour les arsenaux
de la Marine et de l'Artillerie; pour la construction des canons
et la fabrication de projectiles; pour ateliers de chemins de
— fer, chaudronneries, construction de ponts, forges, etc. —

Construction moderne; exécution soignée; établissement
outillé pour suffire aux commandes les plus considérables.

Exportation en tous pays. Adresse télégraphique:
Fernauvulcan Wien. Représenté à l'Exposition par M.

Polaczek, ingénieur.

Médailles:
10 d'or, 3 d'argent, 2 de bronze, 1 diplôme d'état, 1 diplôme d'honneur.

Fabrication de 1874 à 1899 226.000
COMPTEURS à EAU
système Faller

pour la distribution des eaux dans les villes et les maisons.

A. C. SPANNER

Bergamo, Francfort sur le Main, Odessa, Vienne III/3.

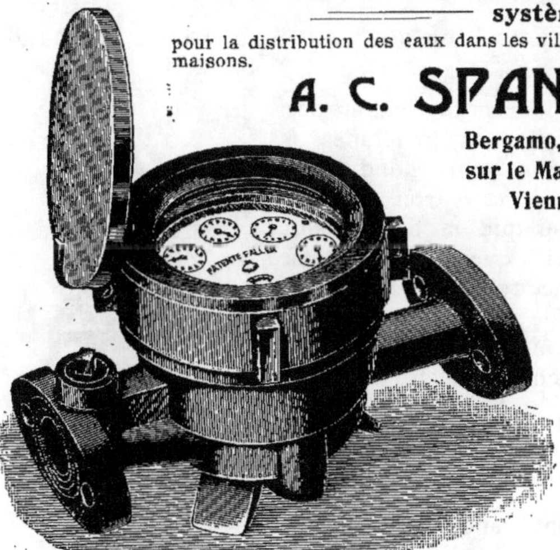

En service dans plus de 720 villes, d'Allemagne Autriche, Hongrie, France, Russie, Suisse et Italie, dans toutes les grandeurs pour tubulures de 7 à 400 mm. de diamètre.

DEMUTH FRÈRES

Fabrique de Machines et
Ateliers de constructions
═══ mécaniques ═══
Vienne (Autriche) XIII/2
═ Linzerstrasse 141/3. ═

Machine a recouvrir le fil avec arrêt
automatique en cas de rupture du fil
ou d'épuisement de la bobine.

Spécialités en toutes
sortes de machines et
appareils pour la fa-
brication de fils et
câbles isolés.

Références de premier
═══ rang. ═══

Brevets austro-hongrois.

Brevet allemand.

Machines pour la fabrication des
câbles métalliques, machines à
recouvrir le fil conducteur
avec mécanisme d'arrêt si le fil
se casse ou que la bobine soit
finie ainsi que machines à
tresser (recouvrir) pour toutes
sortes de fil, câbles et machines
pour enrouler les bandes de
═══ caoutchouc, lacets, etc. ═══

Toutes machines auxiliaires pour
la fabrication des câbles, et installations complètes de fabriques.

Prix-courant franco.

machine à recouvrir
le fil.

FRANZ TOBISCH

Fournisseur de la
Cour Imp.-Roy.

Première Fabrique Austro-Hongroise de fils et câbles isolés. --
Fils isolés pour télégraphie, téléphonie, lumière électrique, et transmission de force; veines de caoutchouc et de guttapercha, câbles de plomb et câbles cuirassés, etc. etc. ~~~~~~~~~~~~~~

VIENNE (Autriche) --

-- VII. Schottenfeldgasse 60.

FABRIQUE IMP.-ROY.

D'ARTICLES DE VOYAGE

M. Würzl et ses Fils

VIENNE (Autriche)
V. GARTENGASSE 17.
Maison fondée en 1839.
TÉLÉPHONE 2211. = =

DÉPÔTS:

I. Kärnthnerstrasse 34	I. Spiegelgasse 3 = =
(Kärnthnerhof) ------	(à côté du Matschakerhof)
TÉLÉPHONE 2005. = =	TÉLÉPHONE 2210. = =

KARLSBAD, Marktplatz
DREI LÄMMER. =======

HERMANN SCHEIBE

Ateliers Imp.-Roy. de Reliure
à la vapeur et Papeterie ✍ ✍

VIENNE (Autriche)
III/2 Marxergasse 26.

Par l'agencement de mes ateliers, je suis
à même de répondre à toutes les ✍ ✍ ✍
exigences du temps moderne et d'exécuter soigneusement en très peu de
temps, toutes les commandes importantes
✍ ✍ ✍ ✍ ✍ qui me sont confiées. ✍ ✍ ✍ ✍ ✍

Je tiens continuellement à la disposition
de ma clientèle: ✍ ✍ ✍ ✍ ✍ ✍ ✍ ✍ ✍ ✍
Couvertures et reliures en tous genres,
cartons à journaux pour les cafés, et cartes
pour les restaurants. ✍ ✍ ✍ ✍ ✍ ✍ ✍

Enveloppes-adresses de
commerce, tubes en
carton pour diplômes;
albums pour photogra-
phies et cartes postales
dans tous les prix. ✍ ✍ ✍

Dessins et esquisses pour reliures de
style moderne. ✍ ✍ ✍ ✍ ✍ ✍ ✍ ✍ ✍ ✍

A. FOERSTER

FABRICANT DE MAROQUINERIE, DE
MEUBLES DE FANTAISIE, DE BRONZES
ET FAYENCES.

FOURNISSEUR

DE LA COUR IMPÉRIALE ET ROYALE D'AUTRICHE,

DE LA COUR IMPÉRIALE DE RUSSIE,

DE LA COUR ROYALE DE ROUMANIE,

DE LA COUR ROYALE DE GRÈCE,

DE LA COUR GRAND-DUCALE DE·HESSE,

DE LA COUR PRINCIÈRE DE BULGARIE.

VIENNE, I. KOHLMARKT 5.

= SOCIÉTÉ ANONYME =
RÉUNIE D'ÉLECTRICITÉ.

VIENNE X. (Autriche).

Stations centrales pour force et lumière, de tous
systèmes
Générateurs à courant alterné, à courant continu
et moteurs de toutes dimensions.
Mise en marche électrique.
Chemins de fer électriques.
Commutateurs électriques.
Locomotives électriques pour mines.
Transformateurs.
Télégraphes pour chemins de fer.
Appareils de sûreté pour les chemins de fer.
Blocs-signaux électriques.
Signaux électriques d'incendie.
Appareils électriques de contrôle pour surveillants.
Stations centrales de téléphones.

Spécialités : = =
Moteurs pour
Ascenseurs et
automobiles

Mise en marche electrique pour métiers à
= = = tisser et pour machines-outils. = = =

C. Angerer & Göschl ═

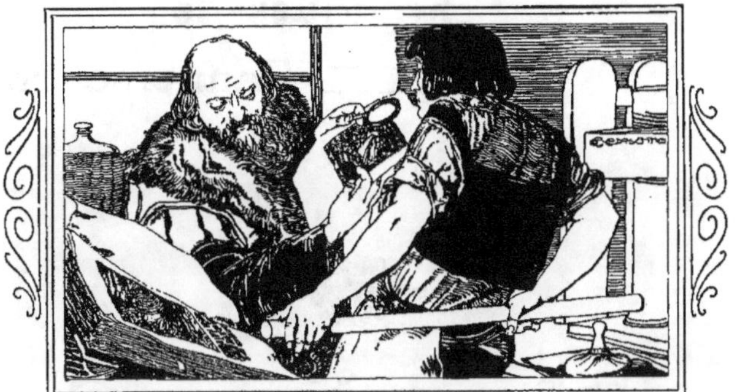

Atelier Imp.-Roy. Photochimigraphique
═ ═ ═ ═ et Artistique. ═ ═ ═ ═

VIENNE (Autriche), XVI/1, Ottakringerstrasse 49.

Clichés d'Imprimerie. ═══════

Fonderie Imp.-Roy. de caractères
d'imprimerie, ateliers de gravure
et fabrique de filets en cuivre. ╱

Maison fondée en 1846- ═ Galvanoplastie, Stéréotypie.

Charles Brendler & Fils

──── VIENNE (Autriche) ════

═ ═ ═ ═ VI. Millergasse 23. ═ ═ ═ ═

Spécialités: Grec, hébreu, bulgare, russe et serbe.

Grand dépôt de caractères pour labeur et
travaux de ville dans toutes les langues,
grand dépôt d'ustensiles en bois. ╱ ╱ ╱ ╱ ╱ ╱

Serrages brevetés aux mêmes prix que les biseaux et
╱ ╱ ╱ ╱ ╱ ╱ ╱ ╱ coins ordinaires. ╱ ╱ ╱ ╱ ╱ ╱ ╱ ╱

**Fabrication ===
soignée ===
de tous articles
pour fumeurs.**

A. NORMAND

VIENNE (AUTRICHE),   MAISON à PARIS, ===
XV/I. ROSINAGASSE 4,   62 RUE DE TURBIGO.
et GASGASSE 8—10.

ADRESSE TELEGRAPHIQUE: A. NORMAND,
=== WIEN XV. ===

Pipes, fume cigares, fume cigarettes
en ecume, ambre unis sculptés
fantaisies et tous articles en ambre,
ecume de mer, racine de bruyère,
=== merisier ambroïde. ===

Spécialité pour maisons de gros et de l'exportation.

EXPOSANT dans la Section autrichienne, groupes XII
et XV; Ier étage. Exposition Universelle de Paris.

Felten & Guilleaume, Vienne

Laminerie et Tréfilerie pour cuivre, fer et acier. Fabrique de
câbles, de fils et de câbles métalliques.

G. JOSEPHY

ses héritiers, successeurs.

Maison fondée en 1851. Nombre d'ouvriers environ 600.

à BIELITZ (Silésie-Autrichienne). ══

Machines pour filature, re-
tordage, foulerie, apprêt et
carbonisation. Transmissions,
machines et installations
pour usines de ciment, élé-
vateurs, transporteurs pla-
teaux-tournants, monte-
charges. Moulins à tube,
brevet F. L. Smidth & Cie.
(Seuls possesseurs du brevet
pour l'Autriche-Hongrie, les
Balcans et la Russie.) ═ ═

HEROLD
&
RICHARDS

Maschinen- und
Rundwebstuhl-
Fabrik = = =

(Ateliers de con-
structions mécani-
ques et fabriques
de métiers ronds, à
tisser) = = = =

= BRÜNN =
= (AUTRICHE). =

Brünn-Königsfelder Maschinen-Fabrik

(Ateliers de constructions mécaniques et fabrique de === machines à Brünn-Königsfeld, Autriche) ===

LEDERER & PORGES

Fonderie de fer, fabrique de machines et wagons, chaudronnerie et machines à travailler les bois.

Les ateliers fabriquent:

Machines à vapeur; avec distribution de précision à soupapes système Hartung, et distribution système Reder, machines à vapeur verticales pour stations centrales d'électricité.

Pompes; pompes Duplex (système américain) pompes Cameron pour l'industrie chimique, pompes de transmission etc.

Compresseurs; pour air et acide carbonique, pour fabriques de soude et autres industries chimiques.

Congélateurs par l'ammoniaque, système à compression (Brevet Hartung).

a) pour brasseries, fabriques de glace artificielle, et paraffineries;
b) pour le petit commerce, sans égales pour la capacité productrice, la simplicité et le bon marché des frais de surveillance et d'exploitation, pour dépôts de bière, entrepôts, refroidissement de l'eau douce, fabrication de la glace, avec évaporation directe d'ammoniaque ou avec refroidissement d'eau salée. Production à partir de 1500 calories par heure.

Chaudières; de différents systèmes tels que: Tischbein, Dupuis, Fairbairn, Cornwall, en toutes grosseurs et jusqu'à la plus haute tension possible.

Specialités: Installations complètes pour raffineries de pétrole, alambics, agitateurs, réservoirs refroidisseurs de différents systèmes; en outre appareils purificateurs pour l'eau, transmissions, surchauffeurs (brevet Adorjan) ainsi que tous travaux ayant rapport aux constructions mécaniques.

Travaux de tôle et fer blanc en tous genres tels que: réservoirs, refroidisseurs, compresseurs à air, seuls concessionnaires pour le droit de fabrication des appareils sécheurs pour drêche, brevet Otto, appareils d'extraction, brevet Herz.

Transmissions: exécution des plus modernes lubrificateurs à anneau, installation pour fabriques de soude, de produits chimiques, distilleries d'alcool et fabriques de sucre.

Machines pour travailler les bois: Scies à ruban, raboteuses à façonner, raboteuses-Dickten, raboteuses à fer de rabot rond, machines à canneler, machines à fabriquer les baguettes-frises scies circulaires, scies à rubans, etc. etc.

La Section des Wagons construit: Wagons pour voies normales et étroites, principalement des wagons spéciaux pour liquides, tels que mélasse, esprits, pétrole, goudron, acide sulfurique; wagons pour le transport des bières avec disposition pour refroidir et chauffer, wagons pour le transport des bestiaux, wagons avec tonneaux fixes, pour les vins, wagons de grandes dimensions pour les expéditeurs, wagons pour le transport du gaz, wagons à voyageurs pour les chemins de fer, etc.

Société Anonyme de Constructions Mécaniques

Ancne Maison
Brand & Lhuillier

à Brünn (Autriche)

Installations complètes de forces
motrices, à la vapeur, machines à vapeur,
chaudières, surchauffeurs. Installations
pour : Fabriques de sucre brut, raffineries
de sucre, brasseries, fabriques de malt,
raffineries de pétrole. Glacières système
Raoul Pictet. Fabriques de glace artificielle. Abattoirs. Compresseurs et
pompes vacuum.

La fabrique a acquis, dans toutes
les spécialités, une longue expérience
et possède aussi des brevets d'inventions de grande valeur.

Industrie artistique styrienne

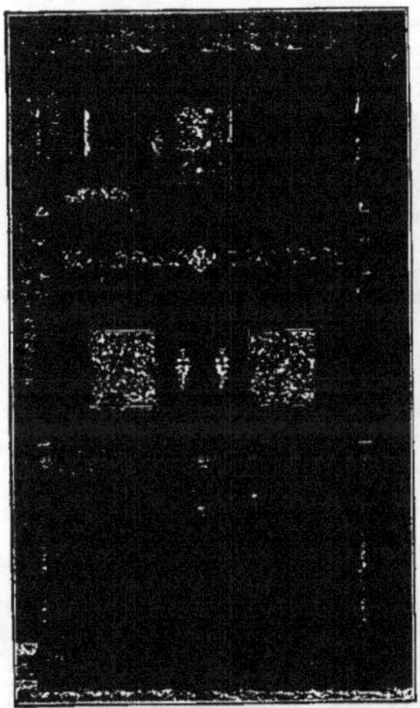

ARMOIRE DE SALON EN NOYER, richement incrustée exécutée par Mr. Anton Jung ébéniste à Graz (Styrie). Dessin de Mr. le directeur Karl Lacher.

SECRÉTAIRE DE DAMES, EN NOYER AVEC PANNEAUX SCULPTÉS, Exécuté par Mr. Johann Rossmann, ébéniste à Graz (Styrie) d'après le dessin de Mr. le directeur Karl Lacher.

BOCAL en étain; par Raimund Zámponi, fondeur en étain à Graz. Dessin de Mr. le directeur Lacher. Spécialités en articles d'étain travaillés au marteau ou gravés à l'eau-forte, hanaps, gobelets et assiettes de décoration.

CHEMINÉE EN MAJOLIQUE AVEC BANC ET DOSSIER EN FER FORGÉ exécutée par MMr. Karl Lipp Fils, poëliers et MMr. Kerl frères, serruriers. Dessin de Mr. le directeur Karl Lacher a Graz (Styrie).

Industrie artistique styrienne

ARMOIRE DE SALON EN NOYER, richement incrustée, exécutée par Anton Irschick, ébéniste à Graz (Styrie). Dessin de Mr. le directeur Karl Lacher.

CASSETTE PUPITRE en fer, présentée en hommage à S. M. l'Empereur François Joseph, à l'occasion de son jubilé, par la province de Styrie. Dessin de Mr. le professeur Karl Lacher, directeur du Musée provincial, exécutée dans les ateliers de serrurerie artistique de MM. Kerl frères à Graz (Styrie). Propriété de S. M. l'Empereur d'Autriche.

Tiroler Marmor- und Porphyr-Gesellschaft

(Société tyrolienne pour l'extraction du marbre et du porphyre)

Fritz Zeller & Cie

VIENNE II.
(Autriche)
Praterstrasse 70.

LAAS et **STERZING**
(Tyrol).

Fontaine Loreley

pour New-York, en marbre de Laas, d'après le professeur Herter de Berlin. Exécutée dans nos ateliers de sculpture à Laas.

Monuments modernes exécutés en marbre de Laas, comprenant les statues de Grillparzer, de Mozart, et de Raimund.

Tiroler Marmor- und Porphyr-Gesellschaft FRITZ ZELLER & Cie

(Société tyrolienne pour l'extraction du marbre et du porphyre)

VIENNE II (Autriche)
Praterstrasse 70.

LAAS et STERZING
(Tyrol).

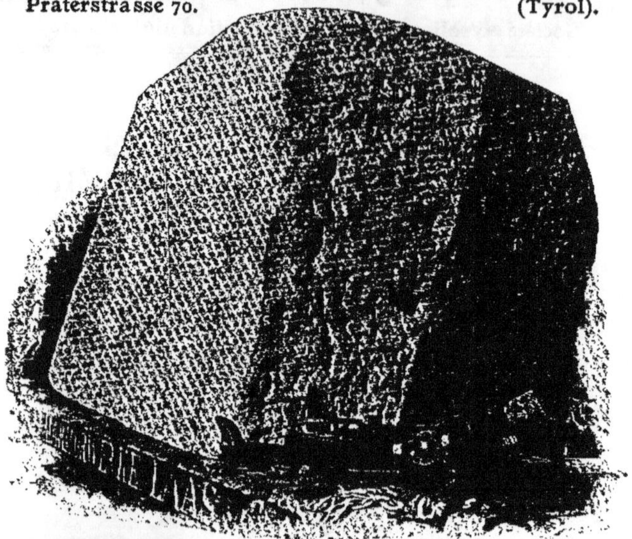

Statuario

Matières premières en toutes dimensions. · · · · · · · · ·

Carrière située à 2250 m audessus du niveau de la mer

Grande résistance au climat

Exportation: Amérique, Allemagne, Russie, etc. (matière à l'état naturel ou terminée au ciseau).

Exposition, Paris,
: Châlet tyrolien. :

Nymphe en marbre de Laas, d'après le modèle du professeur Calandrelli. Carrières de marbre de Fritz Zeller & Cie à Laas (Tyrol). · · · · · · · · · · ·

=== Statue à vendre ===
prix 4000 Fr. sans socle.

Placée à l'Exposition Universelle de Paris 1900 (Château tyrolien).

J.F. LANGHANS
PHOTO-
GRAPHE DE
LA COUR D'
AUTRICHE-HONGRIE
PRAGUE
MARIENBAD
AUTRICHE

Märky, Bromovský & Schulz

Fabrique de machines ✎ ✎ ✎   à **PRAGUE** (Bohême)

Chaudières et chaudronnerie   à KÖNIGGRÄTZ (Bohême)

Fonderie de fer et de métaux   à ADAMSTHAL (Moravie).

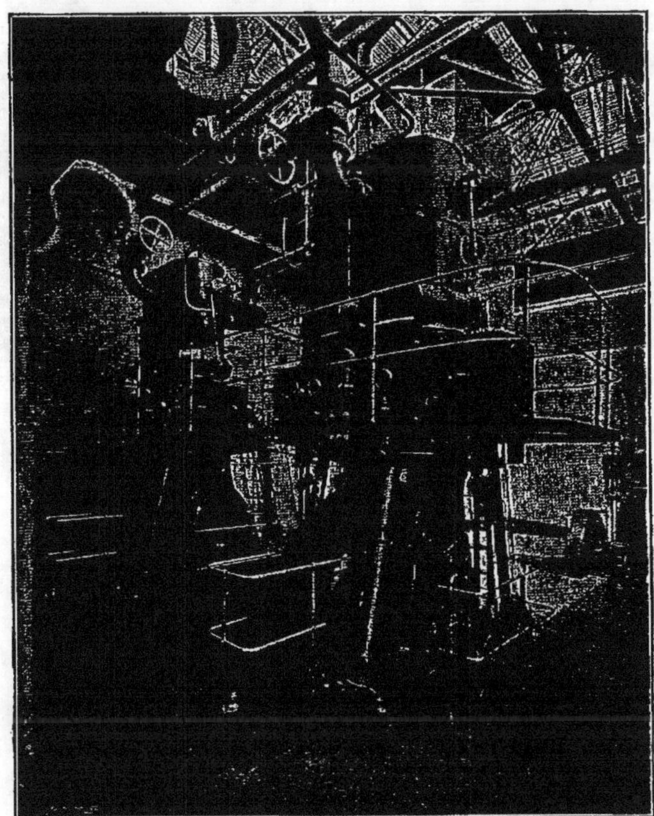

Se recommandent spécialement pour les **installations complètes** de **raffineries de sucre, brasseries, minoteries, scieries mécaniques, raffineries de pétrole, canalisations pour les eaux des villes, abattoirs et glacières.**

Grandes **machines à vapeur de précision**, verticales et horizontales, **chaudières à vapeur** des systèmes les plus nouveaux, **outillage des chemins de fer**, grands **réservoirs** et **bassins**, ainsi que tous **travaux de fonte, de tôle, de métal et de cuivre, se rapportant** aux différentes branches de l'Industrie.

PRAGER MASCHINENBAU-
= ACTIEN-GESELLSCHAFT

(successeurs de **RUSTON & Co.**)
PRAGUE.

SPÉCIALITÉS:

Installations complètes de forces motrices par machines à vapeur, moteurs hydrauliques, spécialement de machines à vapeur à réglage de précision et de chaudières à vapeur de toutes grandeurs, turbines, surchauffeurs et épurateurs d'eau, locomobiles et machines demi-fixes.

Installations de fabriques et d'usines telles que: sucreries, haut-fourneaux, laminoirs, etc.

Installations pour services municipaux: abattoirs, marchés, installations frigorifiques, usines élévatoires, force motrice pour usines d'électricité, etc.

Ponts et Charpentes: Ponts et charpentes en fer en tous genres.

Constructions navales: Bateaux à vapeur pour voyageurs et marchandises, dragues, etc.

Chemins de fer transportables, etc.

Grohmann & Cie

WÜRBENTHAL (Silésie autrichienne).

Fabrique Imp.-Roy. privilégiée de fil de
′ ′ ′ ′ lin, de coton, et tresses. ′ ′ ′ ′

FIL DE LIN

à retors double, triple et quadruple
en écheveaux, pelotes, et sur
bobines, pour coudre, tricoter et
crochet. ― ― ― ― ― ― ― ― ―

FIL DE COTON

de toutes espèces, en écheveaux,
pelotes, tels que: fil pour crochet
et à coudre. ― ― ― ― ― ― ―

PASSEMENTERIE

Galons, passe-poil, lacets et cor-
dons pour souliers; en coton et
laine, tressés de diverses façons.

Ferd. Stuflesser

Sculpteur

à St Ulrich, Gröden (Tyrol)

recommande ses maîtres-autels, statues de saints, chemins de Croix en bois naturel ou polychrome.

Catalogue gratis. — Médaillé à Rome, Londres, Chicago, Bruxelles, Barcelone, Vienne, Innsbruck, Bozen, etc.

Voyez le maître-autel du Cœur de Jésus dans la chapelle du Chalet tyrolien groupe XII, Classe 66.

Lettres d'approbation:

J'ai l'honneur par la présente de vous donner ici avec plaisir mon approbation pour les ouvrages de sculpture que vous avez exécutés dans le sens de l'église et très artistiquement et qui sont des ornements pour plusieurs églises de mon diocèse. Je vous prie de vous servir de cette lettre d'approbation comme bon vous semblera.

Prague,
20 Octobre 1896.

† **Franz de P. Cardinal Schönborn**
Cardinal-archevêque.

Monsieur **Ferdinando Stuflesser**
à St Ulrich, Gröden (Tyrol).

Les 4 statues des Sacrés-Cœurs de Jésus et Marie, de saint Joseph et saint François d'Assise sont arrivées à bon port et je me sens forcé de vous exprimer mon entière satisfaction ainsi que celle de ceux qui ont eu l'occasion de voir ces statues. Tous étaient remplis d'admiration pour l'exécution ainsi que pour l'extrême bon marché, et vous souhaitent comme vous le méritez que votre clientèle s'agrandisse de plus en plus.

Agréez mes salutations

(Sigillum)
Filippopoli (Bulgaria)
li 8. Settembre 1899.

di Lei devatmo
† **Fr. Roberto Menini**
Capucin-archevêque.

Concordat cum originali in hac curia exhibito

Sigtum Tridenti di 16 Januarii 1900
Curia Episcopalis Tridentina.

Jos. Hutter
provic. gls.

Fabrique d'Instruments de Musique et cordes pour Instruments

avec privilège Imp.-Roy.

Hermann Trapp

— à **WILDSTEIN** près Eger (Bohême) —

Membre du Jury à l'Exposition
de Teplitz (Bohême) en 1895.

La meilleure source pour tout achat d'instruments de musique et cordes en tous genres, garantis au diapason. La présence à Wildstein et environs de 10.000 ouvriers s'occupant exclusivement de la fabrication d'instruments de musique, permet de livrer ceux-ci à des prix très bon marché.
Prix-courant gratis et franco.

Fournisseur pour les églises, théâtres, et musiques militaires. Plusieurs premiers prix et médailles. Exportation dans le monde entier.

Ma cithare sirène brevetée est la meilleure cithare existante pour concerts.

Les amateurs de Cithare sont invités à demander le prix-courant.

Objets exposés, groupe XVII, section coloniale, au palais du Trocadéro et dans les groupes I et III de la section Autrichienne au rez-de chaussée.

Bitter anglais Karlsbadois de Becher.

Liqueur de santé la plus recherchée et la plus connue depuis 90 ans.

Johann Becher, liquoriste à **Karlsbad** (Bohême). **Maison fondée en 1807.**

Représentation et dépôt chez CHARLES PANZ à Prague (Bohême), Heinrichsgasse 16, ainsi que dans toutes les meilleures épiceries et magasins de comestibles. Envois de 3 bouteilles en panier, à titre d'échantillon. En achetant, l'on est prié de bien faire attention au nom de la maison, pour éviter toute contrefaçon.

Arco

(Tyrol). L'endroit avec le climat le plus chaud où l'on puisse suivre un traitement médical. Tout près du lac de Garde. Saison du 15 Septembre au 15 Mai. Végétation luxuriante. Position bien abritée. Deux fois par jour un orchestre renommé se fait entendre sur les promenades de la ville. Etablissements médicaux. Inhalations de sel et de pin. Cures d'eau froide etc. Station de chemin de fer, postes et télégraphe avec service de nuit. Téléphone. Eau potable de source. Eclairage électrique. Hôtels de 1er rang. Pensions, et chambres confortables pour familles. Salle de concerts et de divertissements. Pour prospectus s'adresser au **Kur-Comité.**

Station hivernale Arco (Tyrol), Hôtel et pension Bellevue, près de la gare.

Tout le confort du temps moderne, a été visitée par nombre de familles princières et aristocratiques. Station d'été pour traitement médical, recommandée par les sommités médicales contre les appauvrissements du sang, maladies du système nerveux et maladies des femmes. — **E. & W. Kirchlechner,** propriétaires du Arsen-Eisenbad (bain arsenical ferrugineux) et du „Mitterbad" près Méran (Tyrol) à 1000 mètres d'altitude.

TEPLITZ-SCHÖNAU (BOHÊME).

Teplitz-Schönau située à 200 mètres au-dessus du niveau de la mer Adriatique, a 20.262 habitans. Elle est limitée au nord et au sud par des montagnes, et est, par conséquent, protégée contre les vents du nord et du sud. La plus vieille des villes d'eaux de Bohême et qui compte au nombre des villes d'eaux de premier rang.

Les sources minérales de Teplitz-Schönau appartiennent à la catégorie des eaux alcalines-salines. La température de quelques sources, varie entre 23 et 37° Réaumur. Le représentant des sources d'eaux chaudes est le Stadtbad. Des bassins froids avec de l'eau thermale refroidie, permettent l'emploi de toute température.

Indications: Ces sources se recommandent principalement contre les rhumatismes, la goutte, névralgies (sciatique) et autres maladies du système nerveux; maladies de la peau, suites de syphylis, coups et blessures, paralysie, affection de la moëlle épinière au début, tumeurs et abcès de nature scrofuleuse, fractures, luxations, ankyloses et déformations.

Teplitz-Schönau a, dans tous ses établissements, des installations pour bains de boue. Les bains de boue de Teplitz (analyse chimique) sont employés avec succès dans les maladies nommées ci-dessus, concurremment avec les bains minéraux.

Les sources thermales sont employées en bains, en pluie, douches en lance et autres. Electricité, massage, gymnastique hygiénique. Cure en boisson.

Etablissements de bains de la ville de Teplitz: Le Stadtbad, Kaiserbad (très confortable), le Steinbad et le Schlangenbad. Les Fürstenbäder, le Herrenhaus, le Deutschehaus, et le Neubad appartiennent au prince Clary; le Sophienbad à la communauté israëlite. A Teplitz-Schönau toute cure peut se faire avec succès tant en été qu'en hiver. A part le Schlangenbad, il y a, dans tous les autres établissements de bains des appartements à la disposition des baigneurs. Outre cela il existe aussi des maisons de cure privées, dans lesquelles les baigneurs peuvent à leur choix louer des chambres à partir de 6 florins jusqu'à 25 florins par semaine.

Hôtels: Post. Stadt London, Kronprinz Rudolf, Altes Rathhaus, Blauer Stern, Riesenburg, Hermannsburg, Habsburg.

Teplitz possède en outre un salon de réunion des baigneurs, un théâtre municipal très joli et un orchestre des bains. A Teplitz et Schönau une musique militaire donne des concerts plusieurs fois par semaine. Teplitz et Schönau ont chacune un salon de lecture. La Direction thermale, organise pour les visiteurs, des réunions dansantes, parties de campagne, soirées, gardenparty, course de bicyclettes et différentes autres distractions. Eglises et temples de différents cultes. Trois gares. Teplitz-Schönau ont été visitées en 1898 par 25.822 étrangers.

Pour renseignements au sujet de la cure, d'appartements ou autres, s'adresser au städtisches Bäder-Inspectorat (Inspection municipale des bains) à Teplitz-Schönau (Bohême).

FRANZENSBAD

LA PREMIÈRE VILLE
DE BAINS DE BOUE

possède les plus fortes sources ferrugineuses, eaux
pures alcalines de sulfate de soude et riches
en lithine, les bains ferrugineux les plus riches en
acide carbonique, bains d'eau minérale, bains de
gaz acide carbonique.

4 grands établissements installés avec le plus grand
confort et avec toute l'élégance moderne et répondant à
tous les besoins.

BAINS CONTRE :

l'anémie, la chlorose, troubles de la digestion, scro-
phules, maladies chroniques de l'estomac et des
intestins, catarrhes de la vessie, constipation
habituelle, stagnation des fonctions intestinales,
affections du cœur, etc. névroses chroniques,
hypocondrie, hystérie, rhumatismes, goutte, maladies
des femmes, stérilité et faiblesse.

Saison du 1er mai au 30 septembre. Prospectus gratis.

Renseignements de toute nature par la Mairie chargée
de la direction des bains.

AVIS. L'Exposition thermale de Franzensbad figure dans
le Pavillon de la section autrichienne.

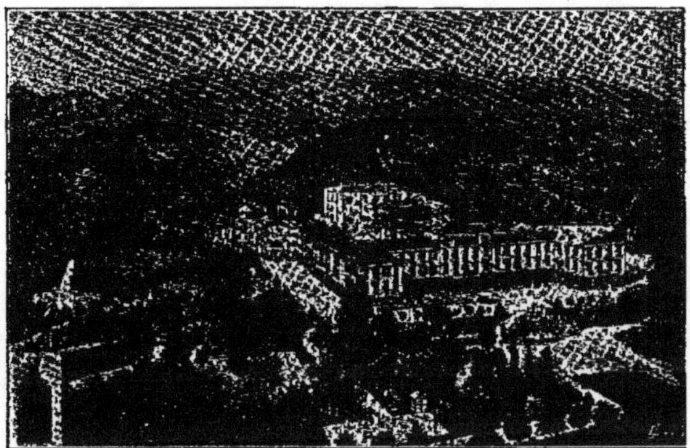

RONCEGNO (TYROL)

**la plus forte des eaux minérales na-
turelles ferrugineuses et arsénicales.** ==

Recommandée par les plus grands méde-
cins contre l'anémie, chlorose, maladies
de la peau et du système nerveux, mala-
== dies des femmes, malaria, etc. ==

== La cure en boisson a lieu toute l'année. ==
Depôt: Dans toutes les pharmacies et magasins d'eaux
== minérales. ==

Bains de Roncegno (Tyrol) ≡

station du chemin de fer de Valsugana
== à 1h.$^1/_4$ de Trente (Trentin). ==

Bains minéraux, bains de vapeur, bains
de boues minérales, cure complète d'eau
froide, électrothérapie, massage gymnastique hygiénique. Ville située à 535 M.
au-dessus du niveau de la mer. Protégée
contre le vent, situation superbe, exempte de
toute poussière, air sec, température con-
== stante 18—22°. ==

KURHAUS (salle de réunion des baigneurs) de premier rang avec très joli parc d'une grande étendue.
Vue admirable sur les Dolomites; 200 chambres. Salles
à manger et salons de lecture. Partout éclairage
électrique. Orchestre du Kurhaus, lawn-tennis, promenades ombrageuses, parties de campagne superbes.
Saison Mai—Octobre. Demander prospectus et renseignements à la Direction des bains de Roncegno.

FABRIQUE DE VERRERIE

DU COMTE HARRACH,
À NEUWELT AU BOHÊME

EXPOSITION DE PARIS.

GROUPES XII ET XV.

Representé à Paris par **M. BOUTIGNY,**

Passage des Panoramas, Boulevard des Capucines.

VIENNE, I. Freyung
PRAGUE, Graben
ST. PETERSBOURG, Perspective Newsky
MOSCOU, Konuski Most.

A. M. BESCHORNER

FABRIQUE IMP. et ROYALE D'OBJETS
en MÉTAL o o o o o o o o o o o

VIENNE

VII. DREILAUFERGASSE 9

Fabrique d'ornements
de toute nature. - -
Fonte d'Art en - - -
bronze et zinc. Tous
articles métalliques -
rentrant dans sa - -
Spécialité. - - - - -

SPÉCIALITÉ

de travaux d'ornements,
figures et autres, en re-
poussé; exécution - - - -
artistique. Lustres pour
théâtres. Appareils - - -
d'éclairage pour grands
établissements.

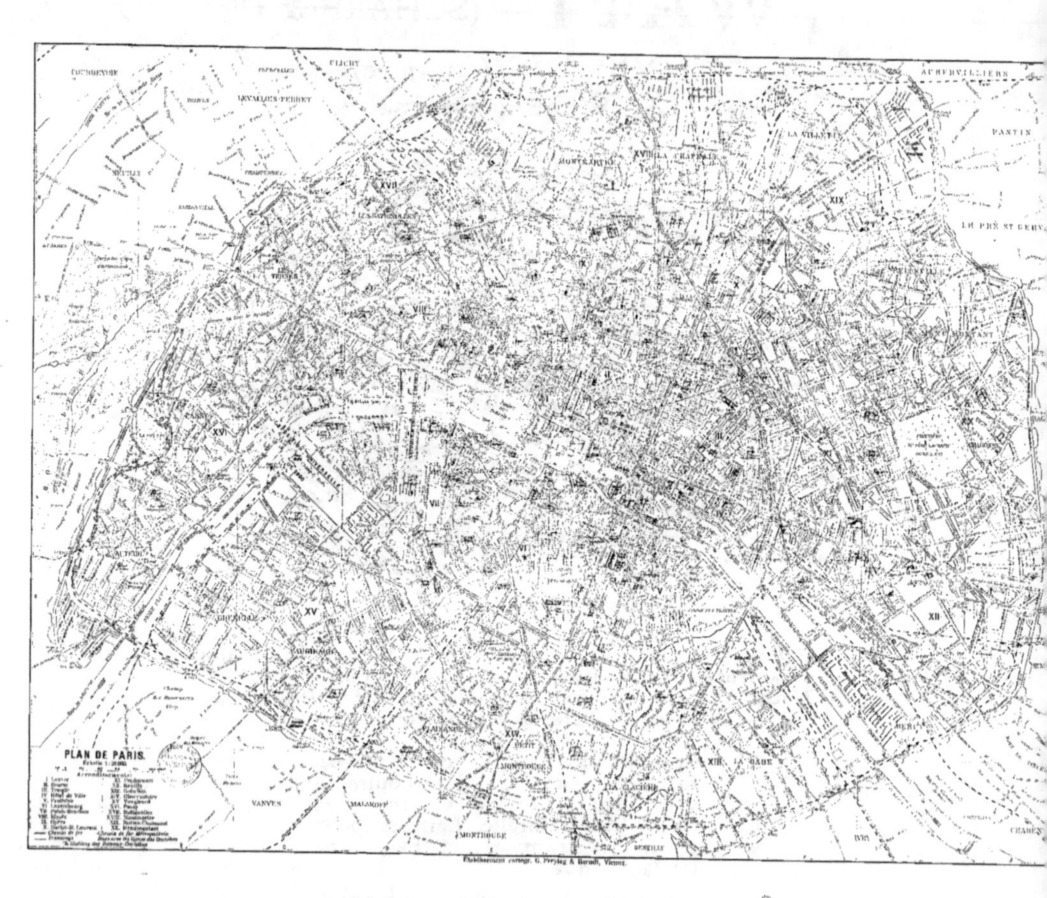
COURBEVOIE
CLICHY
LEVALLOIS-PERRET
ACHERES-VILLIERS
PANTIN
NEUILLY
MONTMARTRE
XVIII LA CHAPELLE
LA VILLETTE
XVII
LE PRE ST GERVAIS
XIX
TERNES
X
VIII
XVI
II
VII
AUTEUIL
V
XV
XII
GRENELLE
VAUGIRARD
XIV
VANVES
MALAKOFF
PLAISANCE
PETIT
MONTROUGE
XIII LA GARE
LA GLACIERE
MONTROUGE
GENTILLY
CHARENTON
PLAN DE PARIS.
Echelle 1:35 000
Arrondissements:
I. Louvre
II. Bourse
III. Temple
IV. Hôtel de Ville
V. Panthéon
VI. Luxembourg
VII. Palais-Bourbon
VIII. Elysée
IX. Opéra
X. Enclos-St. Laurent
XI. Popincourt
XII. Reuilly
XIII. Gobelins
XIV. Observatoire
XV. Vaugirard
XVI. Passy
XVII. Batignolles
XVIII. Montmartre
XIX. Buttes-Chaumont
XX. Ménilmontant
Chemin de fer
Tramways
Chemin de fer Métropolitain
Établissement cartogr. G. Freytag & Berndt, Vienne.

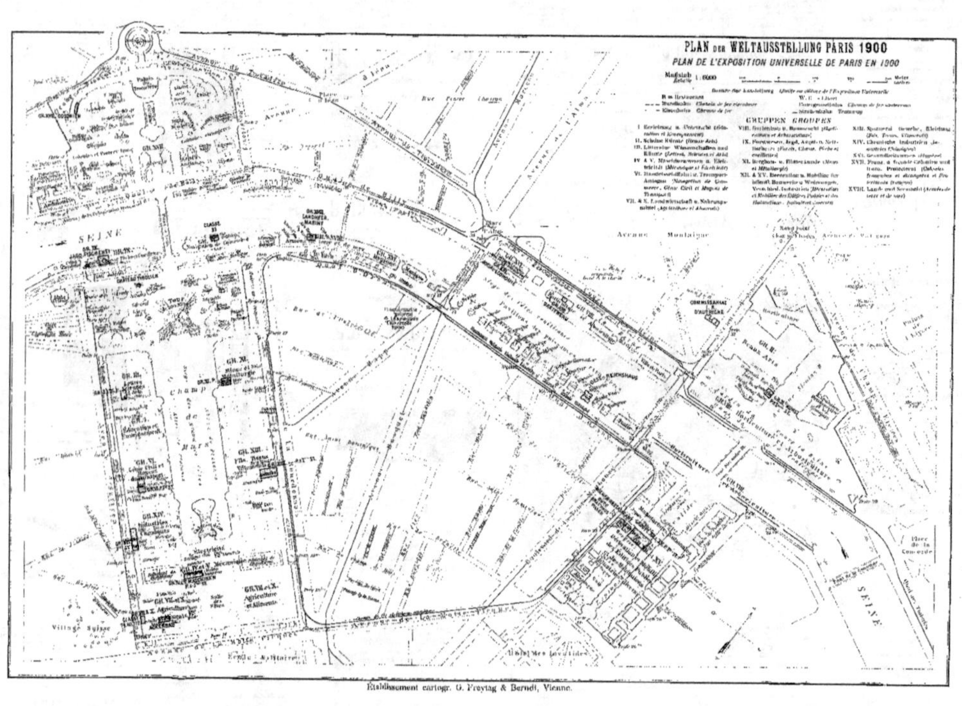

PLAN DER WELTAUSSTELLUNG PARIS 1900
PLAN DE L'EXPOSITION UNIVERSELLE DE PARIS EN 1900
GRUPPEN GROUPES
SEINE
Avenue Montaigne
Etablissement cartogr. G. Freytag & Berndt, Vienne.

Avec autorisation de F. Champenois, Paris, imprimé par OTTO MAASS' FILS, maison d'étion et imprimerie d'art à Vienne, Autrice